高一同學的目標

1. 熟背「高中常用7000字」
2. 月期考得高分
3. 會說流利的英語

---

1. 「用會話背7000字①」書＋CD 280元

以三個極短句為一組的方式，讓同學背了會話，同時快速增加單字。高一同學要從「國中常用2000字」挑戰「高中常用7000字」，加強單字是第一目標。

2. 「一分鐘背9個單字」書＋CD 280元

利用字首、字尾的排列，讓你快速增加單字。一次背9個比背1個字簡單。

3. rival

rival⁵ (ˈraɪvl̩) n. 對手
arrival³ (əˈraɪvl̩) n. 到達
festival² (ˈfɛstəvl̩) n. 節日；慶祝活動
} 都有 rival

revival⁶ (rɪˈvaɪvl̩) n. 復甦
survival³ (səˈvaɪvl̩) n. 生還
carnival⁶ (ˈkɑrnəvl̩) n. 嘉年華會
} 字尾是 vival

carnation⁵ (kɑrˈneʃən) n. 康乃馨
donation⁶ (doˈneʃən) n. 捐贈
donate⁶ (ˈdonet) v. 捐贈
} 字尾是 nation

3. 「一口氣考試英語」書＋CD 280元

把大學入學考試題目編成會話，背了以後，會說英語，又會考試。

例如：

What a nice surprise! (真令人驚喜！)【常考】
I can't believe my eyes.
(我無法相信我的眼睛。)
Little did I dream of seeing you here.
(做夢也沒想到會在這裡看到你。)【駒澤大】

4.「一口氣背文法」書+ CD 280元

英文文法範圍無限大，規則無限多，誰背得完？劉毅老師把文法整體的概念，編成216句，背完了會做文法題、會說英語，也會寫作文。既是一本文法書，也是一本會話書。

1. 現在簡單式的用法

I *get up* early every day.	我每天早起。
I *understand* this rule now.	我現在了解這條規定了。
Actions *speak* louder than words.	行動勝於言辭。

【二、三句強調實踐早起】

5.「高中英語聽力測驗①」書+ MP3 280元

6.「高中英語聽力測驗進階」書+ MP3 280元

高一月期考聽力佔20%，我們根據大考中心公布的聽力題型編輯而成。

7.「高一月期考英文試題」書 280元

收集建中、北一女、師大附中、中山、成功、景美女中等各校試題，並聘請各校名師編寫模擬試題。

8.「高一英文克漏字測驗」書 180元

9.「高一英文閱讀測驗」書 180元

全部取材自高一月期考試題，英雄所見略同，重複出現的機率很高。附有翻譯及詳解，不必查字典，對錯答案都有明確交待，做完題目，一看就懂。

高二同學的目標——提早準備考大學

1. 「用會話背7000字①②」
   書+CD，每冊280元

   「用會話背7000字」能夠解決
所有學英文的困難。高二同學
可先從第一冊開始背，第一冊
和第二冊沒有程度上的差異，
背得越多，單字量越多，在腦
海中的短句越多。每一個極短句大多不超過5個字，1個字或
2個字都可以成一個句子，如：「用會話背7000字①」p.184，
每一句都2個字，好背得不得了，而且與生活息息相關，是
每個人都必須知道的知識，例如：成功的祕訣是什麼？

11. What are the keys to success?

Be *ambitious*.	要有<u>雄心</u>。
Be *confident*.	要有<u>信心</u>。
Have *determination*.	要有<u>決心</u>。
Be *patient*.	要有<u>耐心</u>。
Be *persistent*.	要有<u>恆心</u>。
Show *sincerity*.	要有<u>誠心</u>。
Be *charitable*.	要有<u>愛心</u>。
Be *modest*.	要<u>虛心</u>。
Have *devotion*.	要<u>專心</u>。

當你背單字的時候，就要有「雄心」，要「決心」背好，對
自己要有「信心」，一定要有「耐心」和「恆心」，背書時
要「專心」。

背完後，腦中有2,160個句子，那不得了，無限多的排列組
合，可以寫作文。有了單字，翻譯、閱讀測驗、克漏字都難
不倒你了。高二的時候，要下定決心，把7000字背熟、背
爛。雖然高中課本以7000字為範圍，編書者為了便宜行事，
往往超出7000字，同學背了少用的單字，反倒忽略真正重要
的單字。千萬記住，背就要背「高中常用7000字」，背完之
後，天不怕、地不怕，任何考試都難不倒你。

2.「時速破百單字快速記憶」書 250元

字尾是 try，重音在倒數第三音節上

entry³ ('ɛntrɪ) n. 進入【No entry. 禁止進入。】
country¹ ('kʌntrɪ) n. 國家；鄉下【ou 讀 /ʌ/，為例外字】
ministry⁴ ('mɪnɪstrɪ) n. 部【mini = small】

chemistry⁴ ('kɛmɪstrɪ) n. 化學
geometry⁵ (dʒɪ'amətrɪ) n. 幾何學【geo 土地，metry 測量】
industry² ('ɪndəstrɪ) n. 工業；勤勉【這個字重音常唸錯】

poetry¹ ('po・ɪtrɪ) n. 詩
poultry⁴ ('poltrɪ) n. 家禽 }字尾 y 表「集合名詞」
pastry⁵ ('pestrɪ) n. 糕餅

3.「高二英文克漏字測驗」書 180元

4.「高二英文閱讀測驗」書 180元
全部選自各校高二月期考試題精華，英雄所見略
同，再出現的機率很高。

5.「7000字學測試題詳解」書 250元
一般模考題為了便宜行事，往往超出7000字範圍
，無論做多少份試題，仍然有大量生字，無法進
步。唯有鎖定7000字為範圍的試題，才會對準備
考試有幫助。每份試題都經「劉毅英文」同學實
際考過，效果奇佳。附有詳細解答，單字標明級
數，對錯答案都有明確交待，不需要再查字典，
做完題目，再看詳解，快樂無比。

6.「高中常用7000字解析【豪華版】」書 390元
按照「大考中心高中英文參考詞彙表」編輯而成
。難背的單字有「記憶技巧」、「同義字」及
「反義字」，關鍵的單字有「典型考題」。大學
入學考試核心單字，以紅色標記。

7.「高中7000字測驗題庫」書 180元
取材自大規模考試，解答詳盡，節省查字典的時間。

TEST 1 詳解

閱讀測驗（第 1-41 題，共 41 題）

第一部分：單題（第 1-15 題，共 15 題）

1.(**D**) 請看這幅圖。這個女孩左手拿著一封信。

    (A) bag〔bæg〕*n.* 袋子

    (B) hat〔hæt〕*n.* 帽子

    (C) flower〔'flauə〕*n.* 花

    (D) ***letter***〔'lɛtə〕*n.* 信

    * hold〔hold〕*v.* 拿著   left〔lɛft〕*adj.* 左邊的

2.(**B**) 這個房間裡的珠寶不要碰。那是我姊姊的。如果她知道我們進了
她的房間，她會非常生氣。

    (A) give〔gɪv〕*v.* 給予【三態變化：give-gave-given】

    (B) ***belong***〔bə'lɔŋ〕*v.* 屬於 < *to* >

    (C) close〔kloz〕*v.* 關閉   (D) marry〔'mærɪ〕*v.* 結婚

    * touch〔tʌtʃ〕*v.* 觸碰   jewelry〔'dʒuəlrɪ〕*n.* 珠寶

3.(**C**) 歐文：請告訴我昨天發生了什麼事。

    海倫：他們在教室裡打架，不過沒有人受傷。

        依句意，「發生了什麼事」疑問詞應是 ***what***，而 happen
「發生」是不及物動詞，沒有被動，選 (C)。

        * fight〔faɪt〕*n.* 打架   ***get hurt*** 受傷

4.(**D**) 我騎腳踏車到辦公室要花將近一小時，所以我想，為了節省
時間，我還是搭公車上班。

        It 是虛主詞，真正主詞是不定詞片語 to go...by bicycle，
表示事情「花費」時間，動詞要用 take，故選 (D) ***takes***。

5. (**C**) 這場演唱會的目的是，爲在地震中失去父母的孩童<u>募</u>款。

    (A) throw〔θro〕*v.* 丟；拋

    (B) follow〔'falo〕*v.* 跟隨；遵循

    (C) *raise*〔rez〕*v.* 舉起；募（款）

    (D) change〔tʃendʒ〕*v.* 改變

    * concert〔'kansɜt〕*n.* 音樂會；演唱會

    earthquake〔'ɜθ,kwek〕*n.* 地震

6. (**B**) 湯姆隔天<u>去了</u>台北。

    時間副詞「隔天」可與過去式或未來式連用，故本題

    選 (B) *went*。

    * *the next day* 隔天；第二天

7. (**A**) 這位新同學就是從日本這個國家來的。

    本句原爲：…the country *which* the new student comes

    from.，關代爲介系詞受詞時，可將介系詞置於關代前，故

    選 (A) *from which*。

8. (**B**) 他有兩份工作。如果他沒有夜以繼日地工作，他就無法賺到足夠

    的錢<u>養家活口</u>。

    (A) mind one's own business 管自己的事；少管閒事

    (B) *raise one's family* 養家活口　　*raise*〔rez〕*v.* 撫養

    (C) live a poor life 過貧苦的日子

    (D) set an example 樹立榜樣

    * *night and day* 夜以繼日；日以繼夜（= *day and night*）

9. (**A**) 這棟房子是那棟房子的<u>兩倍大</u>。

    倍數比較用「倍數＋as～as…」，選 (A) *twice as big as*。

10.(**D**) 她帶客人到地下室去炫耀她的新洗衣機。

   (A) take off （飛機）起飛；脫掉（衣服等）

   (B) switch off 關掉（= *turn off*）

   (C) cut off 切斷

   (D) *show off* 炫耀

   * guest〔gɛst〕*n.* 客人　　basement〔'besmənt〕*n.* 地下室
   washing machine 洗衣機

11.(**B**) 雖然這個主意相當不錯，但做起來似乎有點困難。

   依句意選 (B) *Although*「雖然」。

   * pretty〔'prɪtɪ〕*adv.* 相當地　　appear〔ə'pɪr〕*v.* 似乎；好像

12.(**D**) 要成為模特兒，身高是第一考慮要件。事實上，超過六呎高的
   模特兒相當常見。

   (A) meter〔'mitɚ〕*n.* 公尺

   (B) centimeter〔'sɛntə,mitɚ〕*n.* 公分

   (C) pound〔paʊnd〕*n.* 磅【重量單位】

   (D) *foot*〔fʊt〕*n.* 呎【複數形為 feet】

   * model〔'madḷ〕*n.* 模特兒　　height〔haɪt〕*n.* 身高
   consider〔kən'sɪdɚ〕*v.* 考慮　　quite〔kwaɪt〕*adv.* 相當地
   common〔'kamən〕*adj.* 常見的

13.(**C**) 愛迪斯：在節目中，誰坐在葛麗絲旁邊？

   吉　　兒：是詹姆士。

   由答句助動詞 did 可知應用過去式，選 (C) *sat*。

   * *next to* 在～旁邊

14.(**A**) 這個國家即使是最富有的人，都比那個國家的富人窮。

   本句缺少主要動詞，主詞 the richest people 為複數，
   故選 (A) *are*。

15.(**B**) 愛德華：這次展覽展期多長？

瑪　姬：如果天氣好，就從六月一日展到六月五日。如果下雨，
　　　　那他們就會取消最後一天的展期。

由答句可知問的是時間「多長」，選(B) *How long*。

* end〔ɛnd〕*v.* 結束　　cancel〔'kænsḷ〕*v.* 取消

第二部分：題組（第 16-41 題，共 26 題）

（16～17）

> 我知道
>
> 你認為
>
> 你知道
>
> 什麼對我好，
>
> 但是
>
> 我也認為
>
> 我知道
>
> 什麼對我好。
>
> 我知道
>
> 你是好意，
>
> 但是
>
> 我也是好意
>
> 爲了我自己，
>
> 而且到最後
>
> 我必須過自己的生活。
>
> ……
>
> 烏爾里希・謝弗

【註釋】

mean well 懷好意；用意善良　　*in the end* 最後

16. (**A**) 詩中的「我」和「你」關係如何？

  (A) 親密   (B) 充滿恨意

  (C) 冷淡   (D) 陌生

  * relationship〔rɪˈleʃənˌʃɪp〕*n.* 關係
   poem〔ˈpo·ɪm〕*n.* 詩 close〔klos〕*adj.* 親密的
   hateful〔ˈhetfəl〕*adj.* 充滿恨意的

17. (**D**) 這首詩的最後一部分不見了。可能是哪一段？

  (A)　| 這很難。
我的喉嚨變乾了。
我看到才會相信。 |

  (B)　| 噢，不不不，
那裡總是太冷。
我一輩子都離得太遠了。 |

  (C)　| 我想要讓
藍天更藍
綠草更綠
粉紅色的花更亮麗 |

  (D)　| 我們可以談談
想出比你的或我的想法
更好的辦法嗎？ |

  * missing〔ˈmɪsɪŋ〕*adj.* 失落的 throat〔θrot〕*n.* 喉嚨
   go dry 變乾 *far out* 離得很遠 *come up with* 想出
   either A or B 不是 A 就是 B opinion〔əˈpɪnjən〕*n.* 意見

（18～19）

（潔西卡、彼得和卡蘿放學後一起在教室裡讀書。）

彼　得：哇，我沒注意到時間。快 7 點了。我們去吃點東西。

卡　蘿：太好了，我們走吧。我覺得<u>我可以吃下一整頭牛了</u>。

彼　得：嘿，潔。妳有在聽嗎？妳要和我們去嗎？

潔西卡：……

卡　蘿：趕快囉，姑娘。妳在看什麼？

潔西卡：噢，我正在讀網路上一篇文章。

彼　得：姑娘，妳不該這麼做的。大考離現在只剩三天了。妳應該專注於妳的書上，不是嗎？

潔西卡：我知道，但我累了，我需要一點東西在這個週末前讓我喘口氣。而且我剛剛偶然發現了有趣的東西。你們看。

卡　蘿：這是什麼？三葉草？我們教室外面不就有很多？

潔西卡：是的，而且它們很有趣喔。妳有沒有注意過三葉草有幾片葉子？

彼　得：通常都是三片，對嗎？

潔西卡：是的，但其中一些有四片。

卡　蘿：我聽說過，人們相信四葉草是幸運草。

潔西卡：你知道嗎，植物專家相信，大約每一萬片三葉草中，就有一片四葉幸運草。

彼　得：所以……？

潔西卡：嗯，試著找一片可能挺值得的。我覺得接下來的考試，我可能需要多一點的運氣。

卡　　蘿：姑娘，我覺得妳應該不要再作夢了。妳需要做的是更努力用功考滿分，而不是花時間去找四葉幸運草。對了，妳只有四天。

彼　　得：而我覺得我需要想辦法填滿我的胃。

潔西卡：好啦，我知道了。我們先去吃點東西，待會兒再用功讀書吧。

【註釋】

notice〔'notɪs〕*v.* 注意　　whole〔hol〕*adj.* 整個的
cow〔kau〕*n.* 母牛；乳牛　　focus〔'fokəs〕*v.* 專注
breathe〔brið〕*v.* 呼吸；喘息　　***come upon*** 偶然遇到
clover〔'klovɚ〕*n.* 三葉草　　leaf〔lif〕*n.* 葉子【複數形為 leaves】
normally〔'nɔrml̩ɪ〕*adv.* 通常　　plant〔plænt〕*n.* 植物
expert〔'ɛkspɝt〕*n.* 專家　　worth〔wɝθ〕*adj.* 值得…的
extra〔'ɛkstrə〕*adj.* 額外的　　coming〔'kʌmɪŋ〕*adj.* 即將來臨的

18. (**B**) 根據這段對話，何者正確？

　　(A) 卡蘿、彼得和潔西卡正為了大考上網。
　　(B) <u>植物專家認為人們很少能找到四葉幸運草。</u>
　　(C) 卡蘿、潔西卡和彼得要去尋找三葉草當晚餐。
　　(D) 潔西卡要去找四葉幸運草，為自己的大考添好運。

　　* ***surf the Internet*** 瀏覽網路；上網

19. (**A**) 「我可以吃下一整頭牛」是什麼意思？

　　(A) <u>卡蘿覺得非常餓，可以吃完一大堆食物。</u>
　　(B) 卡蘿想要邀請她的朋友晚餐吃牛排。
　　(C) 卡蘿想吃整頭牛。
　　(D) 卡蘿認為她晚餐可以吃整頭牛。

　　* steak〔stek〕*n.* 牛排

（20~21）

捷運禮儀和安全須知

一般規定和安全提醒

在台北捷運車站及車廂內：

禁止飲食。

禁止吸煙。

禁止使用直排輪或溜冰鞋。

禁止使用滑板或折疊式滑板車。（折疊起來者可攜帶。）

禁止攜帶寵物。（導盲犬和放在攜帶籠裡的寵物除外）

禁止攜帶危險或可燃的物品。

（更多規定，請參閱我們的網站 http://www.trtc.com.tw/ ）

【註釋】

metro〔'mɛtro〕*n.* 地下鐵【此指台北捷運】

etiquette〔'ɛtɪ,kɛt〕*n.* 禮儀　　safety〔'seftɪ〕*n.* 安全

guide〔gaɪd〕*n.* 指南；引導　　general〔'dʒɛnərəl〕*adj.* 一般的

tip〔tɪp〕*n.* 秘訣；密報；提醒

premises〔'prɛmɪsɪz〕*n. pl.* 土地及建物範圍

skate〔sket〕*v.* 溜冰　*n.* 溜冰鞋　*in-line skates* 直排輪鞋

roller skates 輪式溜冰鞋　　skateboard〔'sket,bord〕*n.* 滑板

foldable〔'foldəbḷ〕*adj.* 可折疊的

scooter〔'skutɚ〕*n.* 滑板車；速克達機車　　fold〔fold〕*v.* 折疊

except〔ɪk'sɛpt〕*prep.* 除了~之外；~除外　　*guide dog* 導盲犬

cage〔kedʒ〕*n.* 籠子　　inflammable〔ɪn'flæməbḷ〕*adj.* 可燃的

object〔'ɑbdʒɪkt〕*n.* 物體

20.(**D**) 哪一個標誌意思是「禁止攜帶寵物」？

(A)　　　　　　　　(B)

(C)　　　　　　　　(D)

　　　* sign〔saɪn〕*n.* 標誌

21.(**A**) 我們在捷運車站裡可以做什麼？

(A) 使用手機。　　　(B) 玩火。

(C) 喝茶。　　　　　(D) 溜滑板車。

(22~24)

威廉的 ＿＿＿＿＿ 商店

　　你曾經對你每天的生活感到厭倦嗎？如果答案是肯定的，你來找我們吧。我們有全西村最適合恢復精神的地方。我們有很多你可能從沒想像過的東西，像是藍色的蘋果、會游泳的鳥，甚至還有會飛的洋娃娃！我們有太多驚喜沒辦法一一列出。你何不來造訪我們呢？我們絕對不會讓你失望的。你只要來，準備好大吃一驚吧！

【註釋】

bored〔bord〕*adj.* 無聊的　　***be bored with*** 厭倦
everyday〔ˈɛvrɪˌde〕*adj.* 每天的（= *daily*）
refresh〔rɪˈfrɛʃ〕*v.* 使恢復精神
village〔ˈvɪlɪdʒ〕*n.* 村莊　　imagine〔ɪˈmædʒɪn〕*v.* 想像
wonder〔ˈwʌndə〕*n.* 驚奇　　list〔lɪst〕*v.* 列出
one by one 逐一地　　***pay sb. a visit*** 造訪某人
let sb. down 使某人失望　　surprise〔səˈpraɪz〕*v.* 使驚訝

22.（**A**）哪一個選項最適合空格？

(A) 魔術　　　　　　　　(B) 寵物

(C) 籃球　　　　　　　　(D) 便利

* option〔ˈɑpʃən〕*n.* 選擇
suitable〔ˈsutəbḷ〕*adj.* 適合的
blank〔blæŋk〕*n.* 空格
magic〔ˈmædʒɪk〕*n.* 魔術
convenience〔kənˈvinjəns〕*n.* 方便；便利

23.（**C**）威廉的店裡可能會找到何種物品？

(A) 飲料。　　　　　　　(B) 食物。

(C) 特殊的東西。　　　　(D) 老師。

* stuff〔stʌf〕*n.* 東西；物品

24.（**C**）下列何者不正確？

(A) 這家店位於西村。

(B) 一個無聊的人可能會想造訪威廉的店。

(C) 在威廉的店裡找不到藍色的蘋果。

(D) 以上皆不正確。

* ***be located*** 位於

（25～26）

> 給貝蒂：
>
> 　　邀請妳參加凱文和瑞秋的派對，四月二日週日，派對將於晚上九點開始，地點在中城社區中心，就在市立圖書館的對面街上。請帶朋友和舞鞋來，慶祝我們的五週年。
>
> 　　　　　　　　　　　　　　凱文&瑞秋敬上
> 　　　　　　　　　　　　　　　　請回覆

【註釋】

hold〔hold〕*v.* 舉行
midtown〔ˈmɪdˌtaʊn〕*n.* 中城【在住宅區和商業區之間】
community〔kəˈmjunətɪ〕*n.* 社區　　center〔ˈsɛntɚ〕*n.* 中心
across〔əˈkrɔs〕*prep.* 橫越；在～對面
celebrate〔ˈsɛləˌbret〕*v.* 慶祝
anniversary〔ˌænəˈvɝsərɪ〕*n.* 週年紀念
RSVP 請回覆。【這個縮寫源自法文 <u>R</u>épondez <u>s</u>'il <u>v</u>ous <u>p</u>laît.，
英文譯成：Please respond.】

25. (**D**) 派對何時舉行？

　　(A) 週日上午。　　　　　(B) 週六晚上。
　　(C) 四月二日下午。　　　(D) <u>四月二日晚上。</u>

26. (**D**) 何者正確？

　　(A) 這是瑞秋的生日派對。
　　(B) 凱文和貝蒂要舉行派對。
　　(C) 派對地點在市立圖書館旁邊
　　(D) <u>貝蒂應該讓凱文或瑞秋知道她會不會去。</u>

（27～30）

101 公車

（抵達時間）

A 市	賽門湖	西堤餐廳	中程體育場	公園	B 市
6:00	6:15	6:38	6:47	6:50	7:00
6:25	6:40				7:25
7:10	7:25	7:48	7:57		8:10
8:30	8:45	9:08		9:20	9:30
10:06			10:53		11:06

【註釋】

　　arrival〔ə'raɪvl̩〕*n.* 到達　　midway〔'mɪd,we〕*n.* 中途
　　stadium〔'stedɪəm〕*n.* 體育場

27. (**D**) 現在是 7:30。達文住在賽門湖附近，如果他想去中程體育場看
　　　籃球比賽，他應該搭哪一班車？

　　　(A) 6:15 抵達的那班。　　(B) 7:25 抵達的那班。

　　　(C) 8:45 抵達的那班。　　(D) 以上皆非。

28. (**A**) 下列何者正確？

　　　(A) 如果喬要從 A 市到 B 市，他可以搭 6:00 或 7:10 的車。

　　　(B) 這班公車總是會停靠賽門湖。

　　　(C) 從 A 市到 B 市大約需要一個半小時的車程。

　　　(D) 克里斯在 A 市可以搭到 7:30 的車。

　　　* *get on* 上車

29.(**D**) 現在是八點，布雷克先生還在公車上。他可能要去哪裡？

(A) 公園。　　　　　　　　(B) 賽門湖。

(C) 中程體育場。　　　　　(D) <u>B 市。</u>

30.(**B**) 下列何者不正確？

(A) 如果克里斯搭公車，他從中程體育場到公園只要三分鐘。

(B) <u>12:25 時，懷特太太可能還在公車上。</u>

(C) 公車並非每班都停靠公園。

(D) 下午沒有公車。

(31～33)

我的丈夫在台北有一份很好的工作。他任職於外交部，在外交部已經超過 15 年。他工作努力，在辦公室裡與同事都相處得很好。他對他的工作很滿意，但在他的心中，他希望未來有一天能成為部長。他一直在等待這個機會到來。

我在家裡附近經營一家珠寶店。我喜歡珠寶，能夠一邊工作，一邊看著摸著這些寶石，我非常開心。但是我更開心的是，我可以使顧客對我的珠寶很滿意。

生活一直進行得很順利，直到有一天，政府決定把我的丈夫派到澳洲三年，這樣他就可以晉升部長。我丈夫要求我和小孩和他一起搬去澳洲，但是我兩個十幾歲的孩子，法藍奇和凱薩琳，能夠適應新國家新生活嗎？此外，法藍奇明年就要上高中了。我們在台灣這裡的親友怎麼辦呢？還有我的店。基於我的破英文，我不確定我在一個英語系國家裡，是否能開一家珠寶店。

我應該要求我的丈夫放棄這個他夢想已久的機會嗎？

【註釋】

department〔dɪˈpɑrtmənt〕n. 部門　　foreign〔ˈfɔrɪn〕adj. 外國的
affair〔əˈfɛr〕n. 事務
the Department of Foreign Affairs　外交部
get along with　與～相處　　coworker〔koˈwɝkɚ〕n. 同事
head〔hɛd〕n. 首長　　someday〔ˈsʌmˌde〕adv.（未來）有一天
run〔rʌn〕v. 經營　　jewelry〔ˈdʒuəlrɪ〕n. 珠寶
neighborhood〔ˈnebɚˌhʊd〕n. 鄰近地區　　touch〔tʌtʃ〕v. 觸碰；摸
precious〔ˈprɛʃəs〕adj. 珍貴的　　*precious stone*　寶石
customer〔ˈkʌstəmɚ〕n. 顧客　　satisfied〔ˈsætɪsˌfaɪd〕adj. 滿意的
go well　順利進行　　government〔ˈgʌvɚnmənt〕n. 政府
Australia〔ɔˈstreljə〕n. 澳洲　　*in this way*　以這種方式
promote〔prəˈmot〕v. 升職　　kid〔kɪd〕n. 小孩
move〔muv〕v. 搬家　　teenage〔ˈtinˌedʒ〕adj. 十幾歲的
get used to + N/V-ing　習慣於　　besides〔bɪˈsaɪdz〕adv. 此外
be about to V　即將　　enter〔ˈɛntɚ〕v. 進入
based on　根據；基於　　*give up*　放棄　　*dream of*　夢想

31.（**C**）作者面臨什麼問題？

(A) 工作多年沒有機會升職。

(B) 在英語系國家的新學校。

(C) <u>在生活和工作方面，與她的丈夫需求不同。</u>

(D) 沒有時間使她的夢想成真。

　　* promotion〔prəˈmoʃən〕n. 升職　　*come true*　成真

32.（**C**）根據本文，何者不正確？

(A) 這位女士必須照顧她的生意和家庭。

(B) 這位女士的丈夫為政府工作。

(C) <u>這位女士的工作地點離她住的地方很遠。</u>

(D) 這位女士的丈夫想要搬到澳洲。

33. (**A**) 有關這個家裡的小孩，何者正確？

    (A) <u>他們兩人都是十幾歲的小孩。</u>

    (B) 他們兩人上同樣的高中。

    (C) 他們是雙胞胎兄弟。

    (D) 她們是雙胞胎姊妹。

(34~36)

在這段對話中，丈夫試著要說服太太買新車。

丈夫：親愛的，我想該是為全家買一輛新車的時候了。這
                                34
    台舊車都生鏽了。

太太：我聽起來不像是個好主意。你不認為這樣太快放棄
    舊車了嗎？<u>此外</u>，我們舊車的錢也還沒有付完。
          35

丈夫：那是對的，但是舊車有點危險。妳忘記上次停在路
    中間了嗎？

太太：我沒忘記，但是對全家人而言，買新車還是很浪費
                            36
    錢。你何不把舊車送去維修中心調整一下？

丈夫：好吧。

【註釋】

talk sb. into V-ing 說服某人做~   rusty〔ˋrʌstɪ〕*adj.* 生鏽的
sound like~ 聽起來像~   *give up* 放棄
middle〔ˋmɪdḷ〕*n.* 中間   service〔ˋsɜvɪs〕*n.* 服務；維修
center〔ˋsɛntɚ〕*n.* 中心   tune-up〔ˋtjun͵ʌp〕*n.* 調整

34.(**A**) 表示「該是做…的時候了」，用 it's time to V，選 (A) *to buy*。

35.(**B**) 依句意選 (B) *Besides*「此外」。

36.(**C**) 空格缺動詞，而動名詞當主詞為單數，故選 (C) *is*。

（ 37～41 ）

日出時間

日曆說太陽會在六點鐘升起。<u>但那怎麼會呢？</u>我昨天
　　　　　　　　　　　　　　　　37
看到太陽升起是 6:05。事實上，太陽升起的時間不是
每個地方都相同。<u>在不同的地方</u>升起的時間也不同！
　　　　　　　　　38
即使是住在相隔只有幾哩遠的人也是一樣。

為了要更加了解這一點，想一想「傑克」和「吉兒」。
傑克住在冷山<u>的後面</u>，吉兒住在冷山的前面，傑克和
　　　　　　39
吉兒住在冷山相反的兩邊，但是他們住的地方還是相
距只有五哩。當太陽升起時，冷山的<u>前面</u>籠罩在陽光
　　　　　　　　　　　　　　　　40
中。吉兒望出窗外，可以看到太陽。然而在同時，冷
山的背面還在陰影之中。<u>在傑克的窗外天還是黑的。</u>
　　　　　　　　　　　　　　　41

【註釋】

　　sunrise〔'sʌn,raɪz〕*n.* 日出　　calendar〔'kæləndɚ〕*n.* 日曆
　　apart〔ə'part〕*adv.* 分開地；分離地
　　consider〔kən'sɪdɚ〕*v.* 考慮　　opposite〔'apəzɪt〕*adj.* 相反的
　　bathe〔beð〕*v.* 為～洗澡；使浸泡
　　be bathed in 沐浴在～中；籠罩在～中
　　light〔laɪt〕*n.* 光線　　**look out** 往外看
　　remain〔rɪ'men〕*v.* 依然　　shadow〔'ʃædo〕*n.* 陰影

37.(**B**)　(A) 這是真的。　　　　　(B) 但那怎麼會呢？
　　　　　　　(C) 那你的日曆呢？　　(D) 太陽每天都升起。

38.(**A**)　(A) 在不同的地方　　　(B) 在每一分鐘
　　　　　　　(C) 有不同的顏色　　　(D) 每年

39.(**D**)　從後面二句話得知，傑克住在冷山「後面」，選 (D) *behind*。

40.(**B**)　依句意，吉兒可以看到太陽，應是「前面」籠罩在陽光中，
　　　　　　　選 (B) *front*。

41.(**B**)　(A) 要看到陽光要花幾乎一天的時間
　　　　　　　(B) 在傑克的窗外天還是黑的
　　　　　　　(C) 知道那個事實真是糟透了
　　　　　　　(D) 不可能的

聽力測驗（第 1-21 題，共 21 題）

第一部分：辨識句意（第 1-3 題，共 3 題）

1. (**A**) (A)　　　　(B)　　　　(C)

The boy under the tree is reading a novel.

樹下的男孩正在讀小說。

* novel ('navḷ) *n.* 小說

2. (**B**) (A)　　　　(B)　　　　(C)

Brian is showing her the picture he took last week.

布萊恩正將上週他拍的照片指給她看。

* show (ʃo) *v.* 給（某人）看　　*take pictures* 拍照

3. (**C**) (A)　　　　(B)　　　　(C)

She is planning to study math in the evening.

她正在計劃晚上要研讀數學。

第二部分：基本問答（第 4-10 題，共 7 題）

4.(**B**) Which do you like, the cake or the pie?

你喜歡哪一個？蛋糕還是派？

(A) Yes, I do. I like them. 是的，我喜歡。我喜歡它們。

(B) I like the cake. 我喜歡蛋糕。

(C) No, I don't. 不，我不喜歡。

5.(**A**) Buy a computer and get free computer games.

買一台電腦，送免費的電腦遊戲。

(A) Really? That's cool. 真的嗎？太酷了。

(B) Wow! It's bad. 哇！太糟了。

(C) Look! It's a computer. 你看！那是一台電腦。

* cool〔kul〕*adj.* 涼爽的；很酷的；很棒的

6.(**C**) Which font should I use for my essay on global warming?

我的「全球暖化」的論文應該使用哪一種字型呢？

(A) Only 60 copies. 只要 60 本。

(B) It's due on Tuesday. 星期二到期。

(C) Times New Roman. 新羅馬字體。

* font〔fɑnt〕*n.* 字型　　essay〔ˈɛse〕*n.* 論文
global〔ˈglobḷ〕*adj.* 全球的　　***global warming*** 全球暖化
copy〔ˈkɑpɪ〕*n.*（書、雜誌等）本；份
due〔dju〕*adj.* 到期的

7.(**B**) Who is that boy standing next to the bus stop?

站在公車站牌旁邊的那個男孩是誰？

(A) There is one boy over there. 那裡有一個男孩。

(B) Oh, that's Sam, Bob's classmate.

噢，那是山姆，鮑伯的同班同學。

(C) He is so handsome. Do you know him?

他好帥。你認識他嗎？

* *next to* 在～旁邊　　*over there* 在那裡

8. (**C**) Who's the letter for? 這封信是給誰的？

(A) Let's get started. 我們開始吧。

(B) Is it for our dog? 這是給我們的狗的嗎？

(C) You. It's a letter from my teacher.

給你的。這是我的老師寫的信。

9. (**C**) The Cavaliers win! Let's cheer for the 2016 NBA champions!

騎士隊贏了！讓我們為 2016 年的 NBA 冠軍歡呼！

(A) The Cavaliers were born in 2016.

騎士隊出生於 2016 年。

(B) The Cavaliers were cheering. 騎士隊在歡呼。

(C) The Cavaliers became the champions.

騎士隊成為冠軍。

* cavalier (ˌkævəˈlɪr) *n.* 騎士　　cheer (tʃɪr) *v.* 歡呼；喝采
champion (ˈtʃæmpɪən) *n.* 冠軍

10. (**C**) What's your problem today? 你今天有什麼問題？

(A) I slept like a baby last night. 我昨晚睡得很熟。

(B) I fell asleep just before midnight. 我午夜前才睡著。

(C) I didn't sleep very well last night.

我昨晚睡得不是很好。

* *sleep like a baby* 睡得很熟　　*fall asleep* 睡著
midnight (ˈmɪdˌnaɪt) *n.* 午夜

第三部分：言談理解（第 11-21 題，共 11 題）

11. (**A**) M：What are you reading?

男：妳正在讀什麼？

W：The book I am reading is "I am Malala".

女：我正在閱讀的這本書是「我是馬拉拉」。

M：What is the book about?

男：這本書是關於什麼的？

W：It's about a girl who fights for women's right to go to school. She is also the youngest winner of the Nobel Prize. And she is only 18 years old.

女：是關於一個為女性就學權利奮鬥的女孩，她也是最年輕的諾貝爾獎得主，她才 18 歲。

M：18 years old? Unbelievable!

男：18 歲？難以置信！

Question：Which is not true about Malala?

有關馬拉拉何者不正確？

(A) She wrote the book when she was 18.

　　她 18 歲時寫了這本書。

(B) She won Nobel Prize in her teens.

　　她十幾歲時贏得了諾貝爾獎。

(C) She thinks women have the right to learn at school.

　　她認為女性有權利到學校學習。

> ***fight for*** 為～而奮鬥　　right〔raɪt〕*n.* 權利
> winner〔'wɪnɚ〕*n.* 得獎者　　Nobel〔no'bɛl〕*n.* 諾貝爾
> prize〔praɪz〕*n.* 獎　　***the Nobel Prize*** 諾貝爾獎
> unbelievable〔ˌʌnbə'livəbḷ〕*adj.* 令人難以置信的
> teens〔tinz〕*n. pl.* 十幾歲的年紀　　***in one's teens*** 某人十幾歲時

12. (**C**) M：What are you doing, honey?

男：親愛的，妳在做什麼？

W：I am signing up to join a marathon.

女：我正在報名參加馬拉松賽跑。

M : You? A marathon? You don't even look like a runner!

男：妳？馬拉松？妳看起來根本不會跑步！

W : Hey! I will practice hard from today!

女：嘿！我從今天開始會努力練習的！

M : Are you serious? How long is the marathon? How much time do you have to finish it?

男：妳是認真的嗎？馬拉松距離有多長？妳必須多久跑完？

W : It's about 42 kilometers, and I have to finish it in 8 hours.

女：距離大約 42 公里，我得在八小時之內跑完。

M : You've got to practice really hard!

男：那妳得非常努力練習囉！

Question : What does the man think about this marathon?
　　　　　這位男士對馬拉松賽跑有何想法？

(A) His wife should take it easy. 他太太應該放輕鬆一點。

(B) 42 kilometers is a short distance. 42 公里距離很短。

(C) It is almost impossible for his wife to make it.
　　 他太太幾乎是不可能做到的。

* honey〔ˈhʌnɪ〕*n.* 蜂蜜；親愛的人　　***sign up*** 簽約；報名參加
marathon〔ˈmærəˌθɑn〕*n.* 馬拉松賽跑
hard〔hɑrd〕*adv.* 努力地　　serious〔ˈsɪrɪəs〕*adj.* 認真的
have got to 必須（= *have to*）　　***take it easy*** 放輕鬆
distance〔ˈdɪstəns〕*n.* 距離　　***make it*** 成功；做到

13. (**C**) M : Did you watch the weather report on TV yesterday? One of the reporters said it will snow in Taipei City next Monday!

男：妳有沒有看昨天電視上的氣象預報？其中一位記者說，台北市下週一會下雪！

W : Really? It's impossible. It never snows in Taipei
　　City.

女：眞的嗎？不可能。台北市從來沒有下過雪。

M : I think so, too. But the reporter did say that!

男：我也是這麼認爲，但是那個記者眞的那麼說的！

W : Let's wait and see. If it is true, we could build a
　　snowman together!

女：那我們拭目以待。如果眞的，我們就可以一起堆雪人了。

Question : Who thinks it will snow next Monday?
　　　　　　誰認爲下週一會下雪？

(A) The man.　這位男士。

(B) The woman.　這位女士。

(C) The reporter.　那名記者。

* ***weather report***　氣象預報　　reporter〔rɪ'portɚ〕*n.* 記者
　wait and see　等著瞧　　snowman〔'sno,mæn〕*n.* 雪人

14. (**B**)　M : Where are you, Grace? It's a quarter past 10 now
　　　　　　　and I have waited for you for 50 minutes!

男：葛麗絲，妳在哪裡？現在是 10 點 15 分，我已經等妳 50 分
　　鐘了。

W : Sorry, honey. I saw a bus bump into a woman on
　　the street, and I am reporting the whole thing to the
　　police officer now.

女：親愛的，抱歉。我在路上看到公車撞到一名婦女，我現在
　　正在向警察報告這整件事。

M : The movie is going to be on in 20 minutes. I am
　　afraid you may miss the movie.

男：電影再過 20 分鐘就要開始，恐怕妳會錯過了。

Question : What time will the movie start?　電影何時開始？

(A) It will start at 9:25.　9 點 25 分開始。

(B) It will start at 10:35.　10 點 35 分開始。

(C) It will start at 10:50. 10點50分開始。

* quarter〔ˈkwɔrtɚ〕*n.* 四分之一；一刻鐘；15分

past〔pæst〕*prep.* 超過　　***a quarter past 10*** 10點15分

bump into 撞到　　whole〔hol〕*adj.* 整個的；全部的

15. (**A**) M : My father was a chef. I helped him in the kitchen, and I guess I learned a few things from him.

男：我爸爸是廚師。我曾在廚房裡幫他，所以我想我從他那裡學到了一些事情。

W : Really? I'm impressed! You should do this for a living.

女：真的嗎？真是佩服！你應該以此維生的。

M : That's an interesting idea.

男：這個主意有趣。

Question : What does she think the man should be?
　　　　　　她認為這位男士應該做什麼？

(A) A cook. 廚師。

(B) A waiter. 服務生。

(C) A painter. 畫家。

* chef〔ʃɛf〕*n.* 廚師；主廚

impressed〔ɪmˈprɛst〕*adj.* 印象深刻的；欽佩的

living〔ˈlɪvɪŋ〕*n.* 生活；生計　　***for a living*** 謀生

cook〔kʊk〕*n.* 廚師　　waiter〔ˈwetɚ〕*n.* 服務生

painter〔ˈpentɚ〕*n.* 畫家

16. (**B**) M : Look! There's a blue pen on the floor. Is that yours, Lucy?

男：妳看！地上有一隻藍色的筆。露西，那是妳的嗎？

W : No, Peter. It must be Jolin's. She was looking for her pen just now.

女：不是，彼得。那一定是喬琳的。她剛才還在找她的筆。

Question : Who lost his/her pen? 誰掉了筆？

(A) Lucy. 露西。
(B) Jolin. <u>喬琳。</u>
(C) Peter. 彼得。

* floor〔flor〕*n.* 地板　　must〔mʌst〕*aux.* 一定
　look for 尋找　　***just now*** 剛才

17. (**C**) Good morning, everyone. I'm Anita. Today I'm here to share my experience with all of you. Look at the postcard. I didn't buy it at a store. I made it by myself on Lanyu. Last summer vacation, I took a trip with my family for four days there. We rode a bike around the island on the first day. The sight was so beautiful that I drew it on a piece of paper. On the second and the third day, I made a small boat alone. Look! Isn't it cute? Of course I swam and went boat rowing during the two days. The life there is not as colorful as that in Taipei, but it's not boring at all. It's easy, simple and comfortable. How about my last day there? I just sat on the beach and thought about all of you and our great days, my dear classmates. I love you. Maybe we can plan a two-day class trip there in the near future.

各位早安，我是愛妮塔。今天我要在這裡和大家分享我的經驗。請看這張明信片。我不是在商店裡買的，我是在蘭嶼自己做的。去年暑假，我和家人在那裡做了四天的旅行。第一天，我們騎腳踏車環島。景色非常優美，我把它畫在紙上。第二天和第三天，我自己做了一艘小船。你們看！是不是很可愛？當然，在這兩天裡，我也去游泳和划船。那裡的生活沒有像台北一樣多采多姿，但是一點也不無聊。日子過得很輕鬆、簡單、舒服。那我在那裡的最後一天呢？我就坐在海灘上，想著你們大家，還有和我們在一起愉快的日子，我親愛的同學們。我愛你們。也許在不久的將來，我們可以計劃去那裡做個二天的全班旅行。

Question：What did Anita do on the last day of the trip?

愛妮塔的旅行最後一天做了什麼？

(A) She planned a class trip. 她計劃了一次全班的旅行。

(B) She was writing a trip report. 她寫了一份旅遊報告。

(C) She thought about her dear classmates.

她想著她親愛的同學們。

* share〔ʃɛr〕*v.* 分享　　postcard〔'post,kɑrd〕*n.* 明信片
sight〔saɪt〕*n.* 景象　　alone〔ə'lon〕*adv.* 獨自；獨力地
cute〔kjut〕*adj.* 可愛的　　row〔ro〕*v.* 划（船）
boat rowing 划船　　colorful〔'kʌləfəl〕*adj.* 多采多姿的
boring〔'bɔrɪŋ〕*adj.* 無聊的　　easy〔'izɪ〕*adj.* 輕鬆的
How about ~? ~如何？　　***in the near future*** 在不久的將來

18. (**C**) W：So many comic books. Are they all for me?

女：這麼多漫畫書。全部都給我嗎？

M：No. You may have five. The rest are for Jill, Joanna, and Bobby. They each can have five of them, too.

男：不是。妳可以拿五本。剩下的要給吉兒、喬安娜和芭比。

她們每個人也可以拿五本。

Question：How many comic books did the man get for his friends?

這位男士為他的朋友們買了多少本漫畫書？

(A) Five. 5本。

(B) Fifteen. 15本。

(C) Twenty. 20本。

* ***comic book*** 漫畫書

19. (**C**) W：Oh. Good! Are you busy today?

女：噢，好了！你今天忙嗎？

M：Not really. What do you want to do?

男： 不太忙。妳要做什麼？

W : Well, I have an appointment at Mr. Bakery to test strawberry cakes today. Can you come with me?

女： 嗯，我和貝克立先生有約，要試吃草莓蛋糕。你可以和我一起去嗎？

M : OK, sure. I love cakes.

男： 好啊，當然可以。我愛蛋糕。

Question : What will the man do today?

這位男士今天要做什麼？

(A) Run his own business. 經營他自己的店。

(B) Make some cakes. 做蛋糕。

(C) Go with her. 和她一起去。

* appointment 〔 ə'pɔɪntmənt 〕 *n.* 約定　　test 〔 tɛst 〕 *v.* 試吃
strawberry 〔'strɔ,bɛrɪ 〕 *n.* 草莓　　run 〔 rʌn 〕 *v.* 經營
business 〔'bɪznɪs 〕 *n.* 商業；業務；商店

20. (**B**) W : Is Stephen Curry your new idol? You bought a lot of posters of him.

女： 史蒂芬・柯瑞是你的新偶像嗎？你買了好多他的海報。

M : Yes. He is the greatest NBA player in my mind! His three-point shot is really amazing!

男： 是啊。在我心目中，他是 NBA 最偉大的球員。他的三分球真是太厲害了！

W : Come on, nobody can beat Michael Jordan.

女： 少來，沒有人能勝過麥可・喬丹。

M : I can't agree with you more. But I think they are just different!

男： 我非常同意，但我認為他們是不一樣的。

Question : Who is the woman's idol?

這位女士的偶像是誰？

(A) Stephen Curry. 史蒂芬‧柯瑞。

(B) Michael Jordan. 麥可‧喬丹。

(C) Stephen Curry and Michael Jordan.
史蒂芬‧柯瑞和麥可‧喬丹。

* idol〔ˈaɪdḷ〕*n.* 偶像　　poster〔ˈpostɚ〕*n.* 海報
point〔pɔɪnt〕*n.* 分數　　shot〔ʃɑt〕*n.* 投球；射籃
amazing〔əˈmezɪŋ〕*adj.* 很棒的　　beat〔bit〕*v.* 勝過
I can't agree with you more. 我不可能更同意；我非常同意。

21. (**B**) Attention, please. Because of the heavy rain and strong
wind, the Maokong Gondola will stop its service today
for your safety. Passengers who need to return tickets or
who want further information should go to our ticket
windows. Thank you for your visit today and we hope
you will return for a Maokong Gondola ride in the future.
請注意。由於豪雨和強風，為了您的安全，貓空纜車今日停駛。
需要退票或進一步資訊的乘客，請洽售票窗口。感謝您今日的到
訪，我們希望您未來再回來搭乘貓空纜車。

Question：What CAN'T the passengers do at the ticket
windows?
乘客們在售票窗口不能做什麼？

(A) Return their ticket. 退票。

(B) Ask to take a free ride. 要求免費搭乘。

(C) Check why the service stopped. 查問停駛的原因。

* attention〔əˈtɛnʃən〕*n.* 注意　　heavy〔ˈhɛvɪ〕*adj.* 大量的
gondola〔ˈgɑndələ〕*n.* 纜車　　service〔ˈsɝvɪs〕*n.* 服務；設施
safety〔ˈseftɪ〕*n.* 安全　　passenger〔ˈpæsṇdʒɚ〕*n.* 乘客
return〔rɪˈtɝn〕*v.* 退還；返回　　further〔ˈfɝðɚ〕*adj.* 進一步的
information〔ˌɪnfɚˈmeʃən〕*n.* 資訊　　ride〔raɪd〕*n.* 搭乘

TEST 2 詳解

閱讀測驗（第 1-41 題，共 41 題）

第一部分：單題（第 1-15 題，共 15 題）

1.(**B**) 請看本圖。桌子上有什麼？

    (A) 一本書。

    (B) *bottle*〔'batḷ〕*n.* 瓶子

    (C) 一隻貓。

    (D) 一個時鐘。

2.(**A**) 布萊德利和我整個晚上都在看電視上的演唱會，我們一點也不覺得想睡覺。

    前後二子句之間需要連接詞，但沒有特別句意，故選(A)，用 *and* 連接即可。

    * concert〔'kɑnsɜt〕*n.* 音樂會；演唱會

    sleepy〔'slipɪ〕*adj.* 想睡的　　*not~at all* 一點也不~

3.(**C**) 那個人頭上戴著一朵花，手裡拿著一隻襪子。噢，我的天啊！我覺得他看起來真的好奇怪。

    (A) unhappy〔ʌn'hæpɪ〕*adj.* 不快樂的

    (B) familiar〔fə'mɪljɚ〕*adj.* 熟悉的

    (C) *strange*〔strendʒ〕*adj.* 奇怪的

    (D) foreign〔'fɔrɪn〕*adj.* 外國的

    * wear〔wɛr〕*v.* 穿；戴　　hold〔hold〕*v.* 抓住；拿著

    sock〔sɑk〕*n.* 短襪

4.(**A**) 她昨天看到一輛車撞倒那隻狗。

感官動詞 saw 接受詞後，再接原形動詞，做主動的受詞補語，故選 (A) *run*。

* *run into* 撞倒

5.(**D**) 木頭<u>被用來</u>做成家具。

依句意，「被用來做～」要用 *be used to V*，故選 (D)。

used to V 表示「過去曾經～；過去常常～」，句意不合。

* wood〔wʊd〕*n.* 木頭　　furniture〔ˋfɝnɪtʃɚ〕*n.* 家具

6.(**D**) 我必須去超市，因為我需要<u>一些</u>起司和蕃茄做三明治。

cheese 為不可數名詞，不可用 a few 和 many。而 any 用於否定句和疑問句，用法不合，故選 (D) *some*。

7.(**B**) 潔西：新聞報導<u>說</u>什麼？每天喝咖啡很健康？

凱莉：不，不是。咖啡喝太多對健康不好。

表示新聞報導、書上「說」，動詞要用 *say*，選 (B)。

8.(**D**) 你從學校回到家後，功課<u>應該先做</u>。

依句意，功課「應該被做」，為被動，用 *should be done*，選 (D)。

9.(**D**) 昨晚有<u>數千</u>人去看那場表演。

thousand 前如果有數字，thousand 不加 s，也不要 of，故 (A) 和 (C) 均錯誤。沒有數字則要用複數形，再加 of，選 (D) *Thousands of*「數千」。

10.(**A**) 埃　莉：你現在好嗎？告訴我你<u>是否</u>是在擔心明天的考試。

克里斯：是的。我總是會擔心考試。

依句意選 (A) *whether*「是否」。

* *be worried about* 擔心

11. (**D**) 她太<u>怕</u>鬼而不敢獨自待在飯店房間裡。她需要有人陪她一起。

       (A) full〔fʊl〕*adj.* 裝滿的;吃飽的   be full of 充滿

       (B) weak〔wik〕*adj.* 虛弱的;脆弱的

       (C) sure〔ʃʊr〕*adj.* 確定的   be sure of 確定

       (D) *scared*〔skɛrd〕*adj.* 害怕的

            be scared of 害怕 (= *be afraid of*)

        * ghost〔gost〕*n.* 鬼   *too~to V* 太~而不…

         by oneself 獨自地

12. (**B**) 傑克和茱蒂是我高中同學,所以我可能會邀請<u>他們</u>來參加我的

        婚禮。

          句中提到兩個人,代名詞爲複數,且爲受格,故選 (B) *them*。

        * invite〔ɪn'vaɪt〕*v.* 邀請   wedding〔'wɛdɪŋ〕*n.* 婚禮

13. (**D**) 你要把這個鏡子<u>放</u>在哪裡呢?你要把它掛在牆壁上,還是放在

        茶几上呢?

       (A) send〔sɛnd〕*v.* 寄;送   (B) end〔ɛnd〕*v.* 結束

       (C) land〔lænd〕*v.* 登陸;著陸 (D) *place*〔ples〕*v.* 放置

        * mirror〔'mɪrə〕*n.* 鏡子   hang〔hæŋ〕*v.* 懸掛

         end table 茶几

14. (**D**) 爲了你的安全和他人的安全,要時時<u>注意</u>交通號誌。

       (A) take care of 照顧   (B) look after 照顧

       (C) learn about 得知有關某事 (D) *pay attention to* 注意

        * safety〔'seftɪ〕*n.* 安全   signal〔'sɪgn̩〕*n.* 信號

         traffic signals 交通號誌;紅綠燈

15. (**A**) 房間裡光線足夠。醫生可以看得夠清楚。

         enough 爲形容詞用法時,放在名詞前,而做副詞時,則放

         在所修飾的形容詞或副詞之後,故選 (A)。

        * light〔laɪt〕*n.* 光線;光亮   clearly〔'klɪrlɪ〕*adv.* 清楚地

第二部分：題組（第 16-41 題，共 26 題）

（16~17）

　　瑪麗・居禮是歷史上最成功的科學家之一。她和她的丈夫皮耶，發現了鐳，這種元素被廣泛用來治療癌症。她也研究鈾及其他放射性物質。皮耶和瑪麗的研究，後來幫助科學家對這種原子瞭解更多。

　　1867 年，瑪麗出生於波蘭的華沙。她的父親是一位物理學教授。她很小的時候就展現出非常聰明的頭腦。她對學習的極大興趣，致使她中學之後想繼續學業，但是在波蘭，她無法得到更高的教育，所以她前往法國，1891 年進入索邦大學，一所法國的大學，在那裡她拿到了碩士學位和博士學位。

　　瑪麗在索邦，有幸與當時最傑出的幾位科學家共同做研究，其中一位就是皮耶・居禮。瑪麗與皮耶在 1895 年結婚，有許多年的時間，他們在物理學實驗室共事。不幸的是，皮耶在 1906 年意外喪生。瑪麗的心都碎了，但她還要獨力撫養兩個年幼的女兒，這個事實幫助她繼續過她的生活。

　　瑪麗受邀請繼任她的丈夫，在索邦擔任物理學教授。她在這所世界知名的大學裡，是第一位獲得教授職位的女性。在 1911 年，她得到了諾貝爾化學獎。即使在瑪麗・居禮因長期暴露在鐳之下罹患致命疾病之後，她也從未放棄她的工作。

【註釋】

successful〔sək'sɛsfəl〕*adj.* 成功的

scientist〔'saɪəntɪst〕*n.* 科學家　　discover〔dɪ'skʌvə〕*v.* 發現

radium〔'redɪəm〕*n.* 鐳【一種放射線元素，符號 Ra】

element〔'ɛləmənt〕*n.* 元素　　widely〔'waɪdlɪ〕*adv.* 廣泛地

treat〔trit〕*v.* 治療　　cancer〔'kænsə〕*n.* 癌症

uranium〔ju'renɪəm〕*n.* 鈾【放射線金屬元素，符號 U】

radioactive〔,redɪo'æktɪv〕*adj.* 放射性的

substance〔'sʌbstəns〕*n.* 物質　　later〔'letə〕*adv.* 後來

atom〔'ætəm〕*n.* 原子　　Warsaw〔'wɔrsɔ〕*n.* 華沙

Poland〔'polənd〕*n.* 波蘭【位於歐洲中部，首都華沙】

professor〔prə'fɛsə〕*n.* 教授　　physics〔'fɪzɪks〕*n.* 物理學

brilliant〔'brɪljənt〕*adj.* 傑出的　　continue〔kən'tɪnju〕*v.* 繼續

unable〔ʌn'ebḷ〕*adj.* 不能的 < *to* V >

education〔,ɛdʒə'keʃən〕*n.* 教育　　*leave for* 前往

Sorbonne〔sɔr'bɑn〕*n.* 索邦大學；巴黎大學

enter〔'ɛntə〕*v.* 進入　　university〔,junə'vɜsətɪ〕*n.* 大學

master〔'mæstə〕*n.* 碩士　　degree〔dɪ'gri〕*n.* 學位

doctorate〔'dɑktərɪt〕*n.* 博士學位　　marry〔'mærɪ〕*v.* 結婚

laboratory〔'læbrə,torɪ〕*n.* 實驗室

unfortunately〔ʌn'fɔrtʃənɪtlɪ〕*adv.* 不幸地

accident〔'æksədənt〕*n.* 意外

heartbroken〔'hɑrt,brokən〕*adj.* 心碎的

raise〔rez〕*v.* 養育　　*by oneself* 獨力；靠自己

succeed〔sək'sid〕*v.* 繼承；繼任

professorship〔prə'fɛsə,ʃɪp〕*n.* 教授的職位

receive〔rɪ'siv〕*v.* 收到；得到

Nobel〔no'bɛl〕*n.* 諾貝爾【瑞典化學家，炸藥的發明者】

prize〔praɪz〕*n.* 獎

Nobel Prize 諾貝爾獎【根據諾貝爾的遺囑，從 1901 年開始，每年頒發獎金
　給對世界和平、文學、化學、物理學、醫學有卓越貢獻的人】

chemistry〔'kɛmɪstrɪ〕*n.* 化學　　deadly〔'dɛdlɪ〕*adj.* 致命的

exposure〔ɪk'spoʒə〕*n.* 暴露 < *to* >　　*give up* 放棄

16.(**B**) 根據本文，何者爲非？

    (A) 瑪麗・居禮 24 歲時進入索邦大學。

    (B) <u>瑪麗和皮耶結婚時 30 歲。</u>

    (C) 在結婚 11 年之後，瑪麗失去了她的丈夫。

    (D) 瑪麗在 50 歲之前，得到了諾貝爾化學獎。

17.(**D**) 瑞秋對物理學和化學很有興趣。她從圖書館借來了一本有關瑪麗・居禮的書。她在書中讀到以上的文章。下列哪一項事實沒有出現在文章中？

    (A) 瑪麗和她的丈夫皮耶，發現了一種重要的元素。

    (B) 瑪麗離開波蘭進入一所法國的大學，完成她的高等教育。

    (C) 瑪麗在她的丈夫過世之後，獨力撫養兩個年幼的女兒。

    (D) <u>瑪麗・居禮病得很重，在得到諾貝爾獎之後就過世了。</u>

    * article〔ˋɑrtɪkḷ〕*n.* 文章　　appear〔əˋpɪr〕*v.* 出現
    right〔raɪt〕*adv.* 立刻；就在

（18～20）

> 　　海馬是非常有趣的動物。牠們住在溫暖的水域裡。牠們的頭看起來像馬頭，但牠們是魚類。牠們身長從 5 公分到 30 公分不等，游泳速度很慢。有些大魚和海洋生物會吃海馬。海馬通常可以活二或三年。海馬媽媽把卵產在海馬爸爸的身體裡，海馬爸爸負責帶著卵，時間大約 10 到 45 天。海馬爸爸照顧這些卵，然後這些卵會孵化成小海馬，開始牠們的新生活。

【註釋】

seahorse〔'si,hɔrs〕*n.* 海馬 (= *sea-horse* = *sea horse*)
carry〔'kærɪ〕*v.* 攜帶；帶著　　***take care of*** 照顧

18. (**C**) 海馬是何種動物？

    (A) 馬。   (B) 頭。

    (C) <u>魚。</u>   (D) 企鵝。

    * penguin〔'pɛngwɪn〕*n.* 企鵝

19. (**C**) 海馬住在哪裡？

    (A) 陸地上。   (B) 樹上。

    (C) <u>溫暖的水域。</u>   (D) 空中。

    * ***in the air*** 在空中

20. (**B**) 何者錯誤？

    (A) 海馬可以活二年。

    (B) <u>海馬可以長到 50 公分長。</u>

    (C) 海馬是游泳高手。

    (D) 海馬爸爸負責照顧卵。

(21～23)

21. (**C**) A: 爲什麼沒有其他同學坐在我的周圍呢？我有那麼壞嗎？
A 可能是誰？

　　(A) 安迪。　　　　　　(B) 維妮。

　　(C) <u>布萊恩。</u>　　　　　(D) 露西。

22. (**D**) B: 只和女生坐眞好。那些男生又臭又煩人。感謝上帝！這是
我坐過最好的位子了！B 是誰？

　　(A) 朵莉絲。　　　　　　(B) 康妮。

　　(C) 布萊恩。　　　　　　(D) <u>以上皆非。</u>

　　* stinky〔'stɪŋkɪ〕*adj.* 發臭的
　　　annoying〔ə'nɔɪɪŋ〕*adj.* 煩人的；令人討厭的

23. (**B**) 下列何者爲非？

　　(A) 這個班有 14 個學生。

　　(B) <u>大衛就坐在坎蒂的後面。</u>

　　(C) 韋恩坐在最前排。

　　(D) 教室裡仍然有空位。

　　* row〔ro〕*n.* 排　　empty〔'ɛmptɪ〕*adj.* 空的

（24～26）

這首歌來自電影「1991 羅曼史」，歌名叫做「請留下」，來自艾咪的新專輯「花」。艾咪是一位知名的 21 歲歌手。她通常都演唱情歌，她的情歌老少都很受歡迎。她的歌是關於愛情開始時那種快樂的感覺，以及愛情結束時那種悲傷的感覺。她很擅長演奏吉他和鋼琴，她通常都一邊彈吉他、一邊唱歌，她的歌迷很喜歡那樣。歌迷們可以在台北，在一月三日看見她。現在就上谷歌搜尋「艾咪‧懷特」，你就可以知道更多關於她的事。

【註釋】

romance〔roˋmæns〕n. 羅曼史　　album〔ˋælbəm〕n. 專輯
be popular with 受～的歡迎　　feeling〔ˋfilɪŋ〕n. 感覺
be good at 擅長　　guitar〔gɪˋtɑr〕n. 吉他
fan〔fæn〕n. 粉絲；歌迷

24. (**D**) 這首歌叫什麼名字？

(A) 花。　　(B) 1991 羅曼史。　(C) 情歌。　　(D) 請留下。

＊ tune〔tjun〕n. 曲調；歌曲

25. (**A**) 這位歌手是誰？

(A) 艾咪‧懷特。　　　　　(B) 艾咪‧布朗。

(C) 艾咪‧波特。　　　　　(D) 艾咪‧甘迺迪。

26. (**C**) 下列何者正確？

(A) 艾咪的情歌只有關於愛情快樂的感覺。

(B) 艾咪的情歌只受到年輕女孩的歡迎。

(C) 艾咪在台灣的歌迷可以在台北在一月看到她。

(D) 艾咪只擅長演奏鋼琴。

（27～28）

　　你曾經聽過有人問說：“Can I have a rain check?” 嗎？他/她是什麼意思呢？

　　第一次記錄這個片語 “a rain check” 被使用，是在 1880 年代的一場棒球比賽。如果下雨，棒球比賽就會被取消。購票者可以得到一張「雨天延期入場憑證」，在別的日子裡另一場比賽時使用。

　　這個片語也用在商店裡。當顧客想要購買某樣已經賣完的商品時，店員會針對這樣的售罄商品，給他們一張「延期特價優待憑證」。只要該樣商品一進貨，顧客就可以買到他們想要的。

　　下次有人邀請你去做某事，而你又無法去做時，你就可以說：“Can I have a rain check?”（可以改天再邀請嗎？）

【註釋】

rain check 雨天延期入場憑證；延期特價優待憑證
Can I have a rain check? 可以改天再邀請嗎？
recorded〔rɪˋkɔrdɪd〕*adj.* 有記錄的　　phrase〔frez〕*n.* 片語
call off 取消（= *cancel*）　　store〔stor〕*n.* 商店

customer〔'kʌstəmə〕*n.* 顧客　　*sell out* 賣完
clerk〔klɜk〕*n.* 店員　　product〔'prɑdəkt〕*n.* 產品；商品
available〔ə'veləbḷ〕*adj.* 可以得到的；買得到的
invite〔ɪn'vaɪt〕*v.* 邀請　　*be able to V* 能夠

27.(**B**) 根據本文，哪一場棒球比賽可能發出了「雨天延期入場憑證」？

　　　(A) 1872 年的一場棒球比賽。

　　　(B) 1888 年的一場棒球比賽。

　　　(C) 1865 年的一場棒球比賽。

　　　(D) 1856 年的一場棒球比賽。

28.(**C**) 根據本文，在下列哪一段對話中，"Can I have a rain check?"
　　　這個句子不可以使用？

　　(A)｜艾咪：我只是打電話來，看看你明天是否要吃午餐。
　　　　　拉娜：噢，抱歉。我到時候有個會議，…。

　　(B)｜班　：凱文，我們要去露營。你要去嗎？
　　　　　凱文：我這個週末要去日本，…。

　　(C)｜傑瑞：艾倫，我們去釣魚吧。天氣非常適合釣魚。
　　　　　艾倫：好。但我必須先告訴我媽媽，…。

　　(D)｜柔伊：我們要去哪裡？
　　　　　威廉：我要帶妳去一家很美的餐廳。妳不想好好地
　　　　　　　　吃一頓晚餐嗎？
　　　　　柔伊：但是我今晚必須完成我的報告。我老闆明天
　　　　　　　　早上要看到，…。

* dialogue〔'daɪə,lɔg〕*n.* 對話　　camp〔kæmp〕*v.* 露營
　　perfect〔'pɜfɪkt〕*adj.* 完美的；適合的
　　report〔rɪ'port〕*n.* 報告　　boss〔bɔs〕*n.* 老闆

（29～31）

今日人人都知道，魔術方塊是一種很適合消磨時間的物品。魔術方塊是一種立體的綜合智力玩具，由匈牙利的雕刻家，也是建築學教授的厄爾諾‧魯比克，在 1974 年所創造出來的。典型的魔術方塊有六面，每一面貼了九張貼紙。每一面都是一種顏色，有白色、紅色、藍色、黃色、綠色和橘色。遊戲開始要把立方體的每一面轉亂，讓所有的顏色混在一起。把所有面再次轉回同一個顏色，聽起來可能很簡單，但是當你實際嘗試時，你可能會覺得，這是你所做過最困難的事了。這需要很多數學技巧，才能把它恢復順序。做起來很困難，但也很有趣。

【註釋】

well known 有名的　　cube〔kjub〕*n.* 立方體
Rubik's cube〔'rubɪks,kjub〕*n.* 魔術方塊
time-killer〔'taɪm,kɪlə〕*n.* 消遣、打發時間之物
3D 三度空間的；立體的【源自 3-dimensional】
combination〔,kɑmbə'neʃən〕*n.* 結合；綜合
puzzle〔'pʌzl̩〕*n.* 謎；智力遊戲　　create〔krɪ'et〕*v.* 創造
Hungarian〔hʌŋ'gɛrɪən〕*adj.* 匈牙利的【Hungary〔'hʌŋgərɪ〕*n.* 匈牙利】
sculptor〔'skʌlptə〕*n.* 雕刻家　　professor〔prə'fɛsə〕*n.* 教授
architecture〔'ɑrkə,tɛktʃə〕*n.* 建築學
classic〔'klæsɪk〕*adj.* 典型的　　cover〔'kʌvə〕*v.* 覆蓋
sticker〔'stɪkə〕*n.* 貼紙　　twist〔twɪst〕*v.* 旋轉
actually〔'æktʃʊəlɪ〕*adv.* 實際上　　require〔rɪ'kwaɪr〕*v.* 需要
a whole lot of 很多的　　order〔'ɔrdə〕*n.* 順序；秩序
in order 整齊；有秩序

29. (**C**) 魔術方塊是什麼？

　　(A) 機器的一部份。

　　(B) 建築學。

　　(C) <u>一種很有挑戰性的玩具。</u>

　　(D) 一種顏色。

　　* challenging〔ˋtʃælɪndʒɪŋ〕*adj.* 有挑戰性的

30. (**D**) 有關典型的魔術方塊下列何者正確？

　　(A) 它是大約 10 年前被創造出來的。

　　(B) 它是由一位數學家發明的。

　　(C) 它不受歡迎。

　　(D) <u>它上面總是有六個顏色。</u>

　　* mathematician〔ˌmæθəməˋtɪʃən〕*n.* 數學家

31. (**C**) 哪一個顏色在典型的魔術方塊上看不到？

　　(A) 紅色。　　　　　　(B) 藍色。

　　(C) <u>灰色。</u>　　　　　　(D) 白色。

　　* gray〔gre〕*n.* 灰色

（32～34）

眞正的郵件還是電子郵件

　　　梅若迪思：當然，寄電子郵件又快又方便。然而，我認爲電子郵件使通訊變得比較沒有意義，因爲人們通常只會很快地看一下電子郵件。我覺得寄一封眞正的信，才能顯示你在乎這個人。當我寄出一封我自己寫的實際信件時，我會想像對方眞的喜歡這封信。

> 　　湯瑪斯：「我寄電子郵件給你。」在我買了我的第一支智慧型手機之後，我的生活就改變了。近來我幾乎不曾提筆，因為我一切事情都可以利用手機——計劃行程、閱讀新聞，和寫電子郵件。有了電子郵件，我可以同時聯絡很多人。當我想和老朋友說聲「嗨」時，我只要點進他們的電子郵件地址，打封短箋，寄出去——不用紙、不用郵票，也不必等待信件越過陸地和海洋。

【註釋】

mail〔mel〕n. 郵件　　convenient〔kən'vinjənt〕adj. 方便的
communication〔kə͵mjunə'keʃən〕n. 溝通；通訊
meaningful〔'minɪŋfəl〕n. 有意義的
care〔kɛr〕v. 在乎　　imagine〔ɪ'mædʒɪn〕v. 想像
smartphone〔'smɑrt͵fon〕n. 智慧型手機
hardly〔'hɑrdlɪ〕adv. 幾乎不　　***pick up*** 拿起　　***these days*** 近來
schedule〔'skɛdʒul〕n. 行程表　　reach〔ritʃ〕v. 聯絡
address〔ə'drɛs〕n. 地址　　type〔taɪp〕v. 打字
note〔not〕n. 短箋　　stamp〔stæmp〕n. 郵票

32. (**C**) 梅若迪思不喜歡使用電子郵件，因為 ＿＿＿＿＿＿。

(A) 寫信要花太久的時間

(B) 寄信浪費時間　　(C) 人們不會仔細地閱讀

(D) 她認為寄電子郵件沒有禮貌

* dislike〔dɪs'laɪk〕v. 不喜歡　　polite〔pə'laɪt〕adj. 有禮貌的

33. (**D**) 湯瑪斯喜歡使用電子郵件，因為 ＿＿＿＿＿＿。

(A) 這顯示他很謹慎　　(B) 他不信任實際的信件

(C) 這是保持聯絡古老的方法

(D) 這又容易又快速

* trust〔trʌst〕v. 信任　　***keep in touch*** 保持聯絡

34. (**B**) 本文的目的是 _____ 。

    (A) 告訴人們他們為何不應該使用手機或網路

    (B) 討論電子郵件和真正郵件的好處

    (C) 解釋人們如何使用手機和網路

    (D) 顯示科技如何改善我們的生活

    * purpose〔'pɝpəs〕n. 目的
     passage〔'pæsɪdʒ〕n. 段落；文章　　***cell phone*** 手機
     discuss〔dɪ'skʌs〕v. 討論　　benefit〔'bɛnəfɪt〕n. 好處
     explain〔ɪk'splen〕v. 解釋；說明
     technology〔tɛk'nɑlədʒɪ〕n. 科技
     improve〔ɪm'pruv〕v. 改善

（35～37）

        現今，糖被用在許多種食物當中。例如，一罐汽水裡面
                                  35

就含有四塊方糖。吃那些食物的人，並不知道他們攝取了那

麼多糖分。這可能會導致他們身體出問題。所以有些人說，
                                       36

糖應該被控管，像菸酒一樣。這對政府而言，也是一項重要
 37

的改變。

【註釋】

sugar〔'ʃugɚ〕n. 糖　　cube〔kjub〕n. 立方體　　***cube of sugar*** 方糖
can〔kæn〕n. 一罐　　soda〔'sodə〕n. 蘇打水；汽水
take in 攝取　　cause〔kɔz〕v. 引起；導致
control〔kən'trol〕v. 控管　　alcohol〔'ælkə,hɔl〕n. 酒
tobacco〔tə'bæko〕n. 菸　　government〔'gʌvɚnmənt〕n. 政府

35. (**A**) (A) ***for example*** 例如　　　(B) in addition 此外

(C) besides〔bɪˈsaɪdz〕*adv.* 此外

(D) therefore〔ˈðɛr͵for〕*adv.* 因此

36. (**B**) (A) health〔hɛlθ〕*n.* 健康

(B) ***problem***〔ˈprɑbləm〕*n.* 問題

(C) candy〔ˈkændɪ〕*n.* 糖果

(D) insect〔ˈɪnsɛkt〕*n.* 昆蟲

37. (**A**) 依句意，糖「應該被」控管，選 (A) ***should be***。(B) 應寫成 needs to *be* controlled「必須被控管」，(C) 時態錯誤。

(38~41)

　　有些動物會遷徙，意思是在冬天，他們會遷移到<u>天氣比較</u>
　　　　　　　　　　　　　　　　　　　　　　　　 38
<u>溫暖</u>的地方。許多鳥類會在冬天開始之前就出發，牠們會成群
飛行，牠們一起飛行，路程會比較安全。牠們每年都喜歡遷到
同一個地方，而牠們是如何找到同一個地方的呢？科學家說，
鳥類會利用<u>太陽、月亮和星星，來幫助牠們</u>尋找。還有些動物
　　　　　　　　　　　　　　　　 39
像麋鹿也會遷徙。魚類和鯨也會游到較溫暖的水域去。

　　有些動物不會離開牠們的棲息地，牠們就在冬天冬眠，牠
們會<u>進入一個非常深沈的睡眠狀態</u>。動物的體溫會下降，牠們
　　　　　　　　　　 40
的呼吸會減緩。在冬天之前，這些動物必須吃很多食物，變得
很肥。如果牠們<u>吃得不夠多</u>，牠們可能會在冬眠中死掉。
　　　　　　　　 41

【註釋】

migrate〔'maɪgret〕 *v.* 遷徙　　flock〔flɑk〕 *n.*（鳥）群

moose〔mus〕 *n.* 麋鹿　　hibernate〔'haɪbəˌnet〕 *v.* 冬眠

temperature〔'tɛmpərətʃə〕 *n.* 溫度　　drop〔drɑp〕 *v.* 下降

breathe〔brið〕 *v.* 呼吸　　***slow down*** 速度減慢

38.(**A**)　(A) 天氣比較溫暖　　　　(B) 天氣比較炎熱

　　　　　 (C) 天氣比較寒冷　　　　(D) 天氣比較多雨

39.(**C**)　(A) 牠們的手來碰觸土壤

　　　　　 (B) 牠們的鼻子來聞空氣的味道

　　　　　 (C) 太陽、月亮和星星，來幫助牠們

　　　　　 (D) 樹、花和葉子來幫助牠們

　　　　　　* touch〔tʌtʃ〕 *v.* 碰觸；摸　　soil〔sɔɪl〕 *n.* 土壤

　　　　　　　smell〔smɛl〕 *v.* 聞　　leaf〔lif〕 *n.* 葉子【複數為 leaves】

40.(**B**)　(A) 愛上其他鳥類

　　　　　 (B) 進入一個非常深沈的睡眠狀態

　　　　　 (C) 從樹上掉下來

　　　　　 (D) 在冬天感覺很酷

　　　　　　* ***fall in love with*** 愛上　　***fall into*** 進入；陷入

　　　　　　　deep〔dip〕 *adj.* 深的；深沈的

41.(**D**)　(A) 睡得更多　　　　　　(B) 休息更多

　　　　　 (C) 飛得不夠遠　　　　　(D) 吃得不夠多

聽力測驗（第 1-21 題，共 21 題）

第一部分：辨識句意（第 1-3 題，共 3 題）

1. (**C**) (A)   (B)   (C)

Sally enjoys watching butterflies in the park.

莎莉喜歡在公園看蝴蝶。

* butterfly〔'bʌtəˌflaɪ〕*n.* 蝴蝶

2. (**A**) (A)   (B)   (C)

Peter is taking a nap on the sofa. 彼得在沙發上小睡。

* nap〔næp〕*n.* 小睡   ***take a nap*** 小睡

3. (**C**) (A)   (B)   (C)

Playing with a ball is not allowed in the park.

公園裡不允許打球。

* allow〔ə'laʊ〕*v.* 允許

第二部分：基本問答（第 4-10 題，共 7 題）

4. (**C**) Do you have lots of homework every day?

　　你每天都有很多作業嗎？

　　(A) No, I do have a lot. 不，我確實有很多。

　　(B) Don't be too much. 別太過分了。

　　(C) Yes, I do. <u>是的，我有。</u>

　　* homework〔'hom,wɜk〕*n.* 家庭作業

5. (**B**) Let's turn off some lights. 我們關掉一些燈。

　　(A) Why isn't it? 爲什麼不是？

　　(B) Sure. <u>當然可以。</u>

　　(C) We'll make it. 我們做得到。

　　* *turn off* 關掉　　light〔laɪt〕*n.* 燈　　*make it* 成功；做到

6. (**C**) I'm sorry to give you so much extra work.

　　很抱歉給你這麼多額外的工作。

　　(A) Better luck next time. 希望你下次運氣好一點。

　　(B) Guess what? 猜猜看發生了什麼事？

　　(C) No sweat. <u>小事，沒問題。</u>

　　* extra〔'ɛkstrə〕*adj.* 額外的　　sweat〔swɛt〕*n.* 汗水；辛苦
　　No sweat. 不辛苦；小事；沒問題。

7. (**A**) What are you doing after class? Do you have any plans?

　　你放學後要做什麼？有什麼計劃嗎？

　　(A) I was thinking about going to the shopping mall.

　　　　<u>我在想要去購物中心。</u>

　　(B) Are you looking for anything in particular?

　　　　你在找什麼特別的東西嗎？

　　(C) No, I'm just bored. 不，我只是覺得無聊。

* **after class** 放學後
mall〔mɔl〕*n.* 購物中心（= *shopping mall*）
look for 尋找　　**in particular** 特別地；尤其
just〔dʒʌst〕*adv.* 只是　　bored〔bord〕*adj.* 無聊的

8. (**B**) The typhoon caused severe damage to the city.
這場颱風造成該市嚴重損害。

　(A) Yeah. It wasn't serious. 是啊。沒有很嚴重。

　(B) I know. The city's a mess. <u>我知道。整個都市一團亂。</u>

　(C) Yes. The city was lucky. 是的，這個都市很幸運。

* typhoon〔taɪˈfun〕*n.* 颱風　　severe〔səˈvɪr〕*adj.* 嚴重的
damage〔ˈdæmɪdʒ〕*n.* 損害　　serious〔ˈsɪrɪəs〕*adj.* 嚴重的
mess〔mɛs〕*n.* 混亂　　lucky〔ˈlʌkɪ〕*n.* 幸運的

9. (**A**) The cafeteria is offering two-for-one cheeseburgers.
那家自助餐廳正推出起司漢堡買一送一。

　(A) Cool! Let's go eat. <u>酷！我們去吃吧。</u>

　(B) Not for me. Their pizza is awful.
我不要。他們的披薩很糟。

　(C) Not likely. The cafeteria is open at noon.
不太可能。那家自助餐廳中午才開。

* cafeteria〔͵kæfəˈtɪrɪə〕*n.* 自助餐廳　　offer〔ˈɔfɚ〕*v.* 提供
two-for-one 兩個東西一個價錢；買一送一；打五折
cheeseburger〔ˈtʃiz͵bɝgɚ〕*n.* 起司漢堡
cool〔kul〕*adj.* 很酷的；很棒的　　pizza〔ˈpitsə〕*n.* 披薩
awful〔ˈɔfḷ〕*adj.* 糟糕的　　likely〔ˈlaɪklɪ〕*adj.* 可能的

10. (**A**) Is your friend in your house? 你朋友在你家嗎？

　(A) Yes, she is there. <u>是的，她在那。</u>

　(B) No, your house is over there. 不，你家在那邊。

　(C) She is on the chair. 她在椅子上。

第三部分：言談理解（第 11-21 題，共 11 題）

11. (**A**) M : Who is the woman in red? Is she your teacher?

男：那位穿紅衣服的女士是誰？是妳的老師嗎？

W : Yes. She is Miss Tung. She has been our math teacher since grade 7.

女：是的，她是鄧老師。她是我們從七年級以來的數學老師。

M : How old is she? She looks young!

男：她幾歲了？看起來很年輕！

W : She is 48 years old, and she has taught math for 25 years.

女：她 48 歲，她教數學已經 25 年了。

M : I think she is an experienced teacher. Lucky you!

男：我想她是一位很有經驗的老師。妳真幸運！

Question : Which is true about Miss Tung?

關於鄧老師何者正確？

(A) She wore red clothes today. 她今天穿紅色的衣服。

(B) She has been the girl's teacher for 7 years.

她擔任這個女孩的老師已經 7 年了。

(C) She has been a math teacher since she was 30.

她自從 30 歲就一直擔任數學老師。

grade〔gred〕*n.* 年級

experienced〔ɪk'spɪrɪənst〕*adj.* 有經驗的

12. (**B**) M : I'll get tickets for the concert today. Do you have one?

男：我今天要買演唱會的票。妳有票了嗎？

W : No, not yet. Will you get one for me?

女：不，還沒有。你可以幫我買一張嗎？

M : OK. I'll give it to you at school tomorrow.

男：好，我明天到學校再把票給妳。

Question : Where will she get the ticket?

她明天會在哪裡拿到票？

(A) At a pop concert. 在流行音樂演唱會上。

(B) At school. 在學校。

(C) We don't know. 我們不知道。

* concert 〔ˈkɑnsɝt 〕 *n.* 演唱會

pop 〔 pɑp 〕 *adj.* 流行的

13. (**B**) M : Oh, my notes are always a total mess.

男：噢，我的筆記總是一團亂。

W : Well, I can tell, Mike. It was a disaster when I borrowed your notes to study.

女：嗯，我可以看得出來，麥可。我上次借你的筆記來讀書真是一場災難。

M : Come on. I have been trying to make my notes better.

男：拜託。我一直在努力把筆記做好一點。

W : But, it never works, right?

女：但都沒有用，對吧？

M : Yeah…

男：是啊…

W : Then, why not ask Candy? Her notes are seriously wonderful.

女：那你何不問問坎蒂？她的筆記做得又認眞又好。

Question : Which of the following is true?

下列何者爲正確？

(A) Candy is beautiful. 坎蒂很美麗。

(B) Mike is not good at taking notes. <u>麥可不擅長做筆記。</u>

(C) Notes are never borrowed. 筆記從不外借。

* notes〔nots〕*n. pl.* 筆記　　total〔'totl〕*adj.* 完全的

mess〔mɛs〕*n.* 亂七八糟　　tell〔tɛl〕*v.* 區分；看出

disaster〔dɪz'æstə〕*n.* 災難；重大失敗

borrow〔'baro〕*v.* 借入　　work〔wɝk〕*v.* 有用

seriously〔'sɪrɪəslɪ〕*adv.* 認真地　　***take notes*** 做筆記

14. (**C**) M：Where's Amy?

男：愛咪在哪裡？

W：She's gone to Thailand. She has been there for two weeks.

女：她去泰國了。她已經在那裡待兩週了。

M：Will she come back soon?

男：她很快就會回來了嗎？

W：No. She will stay there for another week.

女：不，她還要在那裡待一週。

Question：How long will Amy stay in Thailand?

愛咪將在泰國待多久？

(A) One week. 一週。

(B) Two weeks. 二週。

(C) Three weeks. <u>三週。</u>

* Thailand〔'taɪlənd〕*n.* 泰國

15. (**B**) W：Have you ever been in a fight?

女：你有打過架嗎？

M：Of course!

男：當然有！

W : My goodness! You say that like everybody in the world has been in a fight.

女：我的天啊！你說得好像世界上每個人都打過架。

M : Look, if you're a boy, you're going to fight, whether you want to or not. It's just a fact of life. My dad says you're not a man until you've taken a good punch to the face.

男：妳看，如果你是男生，你就會打架，無論你想不想要，這就是現實。我爸爸說，等你臉上狠狠地挨一拳，你才是男人。

W : That's… interesting. I've never heard that one before. I don't agree with it, but…

女：那真是…有趣。我從來沒聽過這種說法。我不同意，但是…

Question : What can we safely assume about the man?

有關這位男士，我們可以確切地假定什麼事？

(A) He doesn't approve of violence. 他不贊成暴力。

(B) He thinks fighting is common. 他認為打架很平常。

(C) He enjoys fighting. 他喜歡打架。

* fight〔faɪt〕n., v. 打架　　goodness〔'gudnɪs〕n. 善行
  My goodness! 我的天啊！　　***fact of life*** 人生的現實
  punch〔pʌntʃ〕n. 拳打　　agree〔ə'gri〕v. 同意
  safely〔'seflɪ〕adv. 安全地；確切地
  assume〔ə'sjum〕v. 假定；以為
  approve〔ə'pruv〕v. 贊成　　violence〔'vaɪələns〕n. 暴力
  common〔'kɑmən〕adj. 常見的

16. (**C**) To make this dish, you will need carrots and tomatoes. First, cut all vegetables into pieces. Put the vegetables into the pot and fry them until they turn brown. Add some sugar and salt. Second, mix the flour with water,

and pour a spoonful of it into the pot. Third, wait 30
seconds, and the dish is done.

要做這道菜，你需要紅蘿蔔和蕃茄。首先，把所有蔬菜切成小
塊，把蔬菜放入鍋子裡，炒到變成褐色，再加入一些糖和鹽。
第二，把麵粉和水和一和，倒一湯匙的量到鍋子裡。第三，等
30 秒，這道菜就完成了。

Question：Which ingredients will you need for this dish?
　　　　　這道菜需要哪些材料？

(A) Some eggs and cabbage. 一些蛋和高麗菜。

(B) Some beans and bacon. 一些豆子和培根。

(C) Some tomatoes and flour. 一些蕃茄和麵粉。

* carrot〔'kærət〕n. 紅蘿蔔　　**cut into pieces** 切成小塊
  pot〔pɑt〕n. 鍋子　　fry〔fraɪ〕v. 煎；炒
  turn〔tɜn〕v. 變成　　add〔æd〕v. 加入
  sugar〔'ʃugɚ〕n. 糖　　salt〔sɔlt〕n. 鹽
  mix〔mɪx〕v. 混合　　flour〔flaʊr〕n. 麵粉
  pour〔por〕v. 倒　　spoonful〔'spun,fʊl〕n. 一湯匙的量
  ingredient〔ɪn'gridɪənt〕n. 原料；成分
  cabbage〔'kæbɪdʒ〕n. 包心菜；高麗菜
  bean〔bin〕n. 豆子　　bacon〔'bekən〕n. 培根

17. (**B**)　W：Did you see Chuck at the library?

　　女：你在圖書館有看到查克嗎？

　　M：Yes, I did. Why?

　　男：有，我有看到。妳爲什麼要問？

　　W：He didn't come to our study group.

　　女：他沒有來參加我們的研究小組。

　　M：Hmm. He didn't say anything about it. But I only
　　　　said hey, what's up?

　　男：嗯，他什麼都沒有說。不過我只說了嘿，怎麼樣了？

W：I think he had an argument with Dave, and that's why he didn't come.

女：我想他和戴夫吵架了，所以他才沒有來。

M：Maybe… I can't say. He seemed totally normal.

男：也許吧…我看不出來。他看起來完全正常。

Question：What does the woman think happened?

　　　　這位女士認為發生了什麼事？

(A) Chuck went to the library instead. 查克改去圖書館。

(B) Chuck had a fight with Dave. 查克和戴夫吵架了。

(C) Chuck didn't know about the study group.

　　 查克不知道研究小組的事。

* argument〔'ɑrgjəmənt〕*n.* 爭論

　 totally〔'totḷɪ〕*adv.* 完全地　　　normal〔'nɔrmḷ〕*adj.* 正常地

　 instead〔ɪn'stɛd〕*adv.* 改換

18. (**B**)　M：Hi, May. How was your winter vacation?

　　　男：嗨，小美。妳的寒假過得如何？

　　　W：It was fantastic! We had an amazing time!

　　　女：很棒！我們過得很開心！

　　　M：Oh, good. I'm so glad to hear that.

　　　男：噢，很好。很高興聽到妳這麼說。

　　　Question：How did the woman feel?

　　　　　　　這位女士感覺如何？

　　　(A) She felt sick. 她覺得不舒服。

　　　(B) She felt happy. 她覺得很開心。

　　　(C) She felt rich. 她覺得很富有。

　　　* fantastic〔fæn'tæstɪk〕*adj.* 極好的

　　　　amazing〔ə'mezɪŋ〕*adj.* 極好的

19. (**A**) W : Which coat do you prefer?

女： 你比較喜歡哪一件外套？

M : The black one is too big. So, of the other two, I
  prefer the blue one to the red one.

男： 黑色那件太大了。所以在另外二件當中，我喜歡藍色那件
  勝過紅色那件。

Question : Which coat is too big for the man?

    哪一件外套對這位男士而言太大了？

(A) The black one. 黑色那件。

(B) The blue one. 藍色那件。

(C) The red one. 紅色那件。

* prefer〔prɪˈfɝ〕*v.* 比較喜歡 ***prefer A to B*** 喜歡 A 勝過 B

20. (**B**) Welcome to Happy Supermarket! Food and groceries are
on our first floor, clothes and shoes are on our second
floor, and our last floor, the third floor, is where we place
our surprise. Just go upstairs, and check it out!

歡迎來到快樂超市！食品雜貨在我們的一樓，衣物鞋子在我們的
二樓，而我們的最後一層樓，三樓，則放置我們意外的驚喜。請
上樓來看看！

Question : How many floors does the Happy Supermarket
    have? 快樂超市有幾層樓？

(A) Two. 二層。

(B) Three. 三層。

(C) Four. 四層。

* groceries〔ˈgrosərɪz〕*n. pl.* 食品雜貨
 floor〔flor〕*n.* 樓層 clothing〔ˈkloðɪŋ〕*n.* 衣物
 place〔ples〕*v.* 放置

surprise〔sə'praɪz〕*n.* 令人驚訝的事物；意外的事物
upstairs〔'ʌp'stɛrz〕*adv.* 在樓上　　***check out*** 查看

21. (**B**) M：Hello, Alice. What are you doing?

男：哈囉，愛麗斯。妳在做什麼？

W：I'm typing an e-mail to my key-pal Jenny.

女：我正在打一封電子郵件給我的網友珍妮。

M：Where does she live?

男：她住在哪裡？

W：She lives in Tainan, too.

女：她也住在台南。

M：I also have a key-pal named Jenny, but she lives in
the US.

男：我也有一位網友名叫珍妮，但是她住在美國。

Question：Where does Alice's key-pal live?

愛麗斯的網友住在哪裡？

(A) In Taipei. 在台北。

(B) In Tainan.　在台南。

(C) In the US. 在美國。

* type〔taɪp〕*v.* 打字　　pal〔pæl〕*n.* 朋友
key-pal 網友

TEST 3 詳解

閱讀測驗（第 1-41 題，共 41 題）

第一部分：單題（第 1-15 題，共 15 題）

1. (**B**) 請看此圖。愛咪最喜歡的運動是什麼？

   (A) 她想要自殺。
   (B) 她最喜歡高空彈跳。
   (C) 輪鞋溜冰是她最喜歡的運動。
   (D) 對她而言，沒有什麼比潛水更棒。

   * commit〔kə'mɪt〕v. 犯（罪、錯）
     suicide〔'suə,saɪd〕n. 自殺　　*commit suicide* 自殺
     bungee jumping 高空彈跳　　skate〔sket〕v. 溜冰
     roller skating 輪鞋溜冰　　diving〔'daɪvɪŋ〕n. 潛水；跳水

2. (**C**) 當瑪姬明天<u>到達</u>車站時，她就會打電話給我們。

   表「時間」的副詞子句中，不可用未來式，要用現在簡單式
   代替未來，故選 (C) *arrives*。

3. (**C**) 老師：同學們，要拯救地球，你們應該做<u>什麼</u>？
   喬治：我們應該種更多的樹。

   依句意選 (C) *what*。

   * save〔sev〕v. 解救　　planet〔'plænɪt〕n. 行星；此指「地球」
     plant〔plænt〕v. 種植

4. (**B**) 我爸爸吃完早餐後喜歡<u>看報紙</u>，這讓他知道世界每天如何在改變。

   (A) 看書　　　　　　　(B) <u>看報紙</u>
   (C) 看電影　　　　　　(D) 看比賽

5.(**C**) 我們稱約瑟夫為<u>活</u>字典，因為他懂好多事情。

   > 表示「會走路的；活的」，用現在分詞當形容詞，
   > 選 (C) *walking*。
   >
   > * dictionary〔ˈdɪkʃənˌɛrɪ〕*n.* 字典

6.(**A**) 鳥兒<u>在</u>樹<u>上</u>唱歌；我躺<u>在</u>我的床<u>上</u>。

   > 表示「在樹上」，其實在樹的枝葉裡面，故介系詞要用 *in*，
   > 而一般的「在⋯之上」介系詞則是 *on*，選 (A)。

7.(**C**) 我和我的雙胞胎姊姊不一樣。我喜歡跳舞，<u>但</u>她對閱讀有興趣。

   > 前後兩句話句意轉折，故選 (C) *but*。
   >
   > * twin〔twɪn〕*adj.* 雙胞胎的

8.(**A**) 我的<u>牛排</u>要五分熟，這樣不會太老也不會帶太多血。

   > (A) *steak*〔stek〕*n.* 牛排
   > (B) coffee〔ˈkɔfɪ〕*n.* 咖啡
   > (C) ice cream〔ˈaɪsˈkrim〕*n.* 冰淇淋
   > (D) tomato〔təˈmeto〕*n.* 蕃茄
   >
   > * medium〔ˈmidɪəm〕*adj.* 中等的；（牛排）五分熟的
   >   tough〔tʌf〕*adj.* 堅硬的　　bloody〔ˈblʌdɪ〕*adj.* 帶有血跡的

9.(**C**) 如果你<u>未來</u>想要從事藝術行業，從現在起你必須開始學習關於
   藝術的知識。

   > (A) past〔pæst〕*n.* 過去　　*adj.* 過去的
   > (B) way〔we〕*n.* 方法；方式；方面
   > (C) *future*〔ˈfjutʃɚ〕*n.* 未來
   > (D) fact〔fækt〕*n.* 事實
   >
   > * business〔ˈbɪznɪs〕*n.* 行業　　*from now on* 從現在起

10. (**B**) 麥克：你還沒有找到你的車鑰匙嗎？

尼克：＿＿＿＿＿＿＿＿＿＿＿

(A) 她開著她的車走了。

(B) 還沒，我不知道放到哪裡去了。

(C) 我的車停在停車場裡。

(D) 你沒有看到我現在在忙嗎？

＊ park〔pɑrk〕*v.* 停車　　***parking lot*** 停車場

11. (**B**) 潘　妮：你住在台灣多久了？

傑若米：大約五年了。

由答句可知，問句問的是「時間多久」，故選 (B) ***How long***。

12. (**A**) 哪一個句子是正確的？

(A) 我不認為我們可以在中午以前到機場。

(B) 我認為我們不可能在中午以前到機場。

【think 在此應用主動，I think we…】

(C) I don't think 之後的 it 為錯誤。

(D) 前半句句子結構完全錯誤。

＊ ***get to*** 到達

13. (**A**) 保羅非常感謝彼得森老師，因為她是第一位老師，讓他感覺自己像重要人物。

(A) ***somebody*** *pron.* 某人；有人　*n.* 重要人物

(B) nobody *pron.* 沒有人　*n.* 無名小卒

(C) anybody *pron.* 任何人

(D) everybody *pron.* 每個人

＊ thankful〔ˈθæŋkfəl〕*adj.* 感謝的　　***feel like*** 感覺像

14. (**C**) 很多人把我們生活的這個時代稱做<u>科技</u>時代。人們現在非常依賴高科技產品。

(A) teenager〔'tin,edʒɚ〕 *n.* 十幾歲的孩子

(B) relationship〔rɪ'leʃən,ʃɪp〕 *n.* 關係

(C) ***technology***〔tɛk'nɑlədʒɪ〕 *n.* 科技

(D) neighborhood〔'nebɚ,hud〕 *n.* 鄰近地區

* age〔edʒ〕 *n.* 時代　　***depend on*** 依賴

hi-tech〔'haɪ,tɛk〕 *adj.* 高科技的（= *high-tech*）

product〔'prɑdəkt〕 *n.* 產品

15. (**C**) <u>無聊的</u>學生從來都學不好，因為他們不喜歡認識新事物。

(A) boring〔'borɪŋ〕 *adj.* 令人感到無聊的

(B) interesting〔'ɪntrɪstɪŋ〕 *adj.* 有趣的

(C) ***bored***〔bord〕 *adj.* 感到無聊的【形容人】

(D) interested〔'ɪntrɪstɪd〕 *adj.* 感興趣的【形容人】

第二部分：題組（第 16-41 題，共 26 題）

（16～17）

　　艾比即將從國中畢業。她所有的同學和她都在等待大考。他們近來都非常用功準備考試。然而，她偶爾會覺得很疲倦。她不確定是否能夠做到自己想要做的事。她的一位朋友打電話告訴她，他在網路上發現了某樣有趣的事情。他叫她去試試看。艾比進了這個網站，遵循步驟操作，得到了三張卡片。

安妮的塔羅牌

卡片會顯示：

1. 你現在對你自己的感覺。

2. 你目前最想要的。

3. 你將會發生什麼事情。

THE FOOL　　　THE EMPRESS　　　THE STAR

卡片 1　　　　　卡片 2　　　　　卡片 3

卡片1：你現在對你自己的感覺 ➤ **傻瓜**

你覺得生活有需要改變一下，一個新的方向。你可能不知道自己要去哪裡，只是也不想停留在現在這裡。該是樂觀以對，做出重大決定的時候了。問問你自己：「我所要的，對我來說真的適合嗎？」

卡片2：你目前最想要的 ➤ **皇后**

卡片顯示，你現在想要舒適、安全和快樂。事情結果會很好，只要你知道，你是有人愛的，你周遭的人都在乎你就好了。

卡片3：你將會發生什麼事情 ➤ **星星**

願望會實現，這是一個幸運和財富的時刻，也許是在一陣子的努力奮鬥和心痛之後。可能在生病一陣子之後，良好的健康和好運，將為你帶來生活中新的喜悅。如果你想要換新工作，或是如果你想去旅行，就去吧。你可能也會得到一個令人驚訝的禮物喔！

【註釋】

be going to V 即將　　graduate (ˈgrædʒuˌet) v. 畢業

these days 近來　　tired (taɪrd) adj. 疲倦的

sometimes (ˈsʌmˌtaɪmz) adv. 偶爾；有時

Internet (ˈɪntɚˌnɛt) n. 網際網路　　website (ˈwɛbˌsaɪt) n. 網站

follow (ˈfɑlo) v. 遵循　　step (stɛp) n. 步驟

tarot (ˈtæro) n. 塔羅牌　　moment (ˈmomənt) n. 時刻；瞬間

at the moment 此刻；現在　　fool (ful) n. 傻瓜；笨蛋

direction (dəˈrɛkʃən) n. 方向　　stay (ste) v. 保持；停留

optimism (ˈɑptəˌmɪzəm) n. 樂觀　　major (ˈmedʒɚ) adj. 重大的

decision (dɪˈsɪʒən) n. 決定　　empress (ˈɛmprɪs) n. 皇后；女皇

comfort (ˈkʌmfɚt) n. 舒適　　safety (ˈseftɪ) n. 安全

turn out fine 結果會很好　　care (kɛr) v. 在意；在乎

sth. **happen to** sb. 某事發生在某人身上

wish (wɪʃ) n. 願望　 v. 想要　　**come true** 成眞；實現

fortune (ˈfɔrtʃən) n. 財富；運氣　　perhaps (pɚˈhæps) adv. 或許

period (ˈpɪrɪəd) n. 時期　　struggle (ˈstrʌgl) v. 掙扎；苦鬥

heartache (ˈhɑrtˌek) n. 心痛　　illness (ˈɪlnɪs) n. 疾病

joy (dʒɔɪ) n. 快樂；喜悅　　**go for it** 去做吧；放手去做

surprising (səˈpraɪzɪŋ) adj. 令人驚訝的；驚人的

16. (**A**) 根據卡片上的解讀，艾比接下來可能可以做什麼？

(A) 繼續用功讀書，做她想要做的事。

(B) 放棄她之前想要的，開始思考新的目標。

(C) 留在她原來的地方，不要做蠢事。

(D) 向另外一人要求令人驚訝的禮物。

*　reading (ˈridɪŋ) n. 解讀；文章　　**work on** 著手；進行

study (ˈstʌdɪ) n. 學業；研究　　**give up** 放棄

goal (gol) n. 目標　　stupid (ˈstupɪd) adj. 愚蠢的

17. (**C**) 根據本文，何者正確？

(A) 艾比太疲倦了，無法繼續讀書。

(B) 艾比的朋友找到了某樣東西，可以給艾比考試的答案。

(C) <u>艾比的朋友認爲，塔羅牌會給困惑的艾比指引方向。</u>

(D) 艾比沒有上網查看她朋友要她看的東西。

　　* confused〔kən'fjuzd〕*adj.* 困惑的　　check〔tʃɛk〕*v.* 查看

（18～20）

> 　　……你可能知道一群狼被稱爲 "a pack"，一群水牛被稱爲 "a herd"。但是要敘述動物的群，還有其他很多有趣的名稱，其中有些眞是非常有道理。例如，一群蒼蠅被稱爲 "a business"。還有一些更令人驚訝的：一群鯊魚被稱爲 "a school"。……

【註釋】

　　wolf〔wʊlf〕*n.* 狼【複數形爲 wolves〔wʊlvz〕】

　　pack〔pæk〕*n.* (狼、狗) 群

　　buffalo〔'bʌfḷ,o〕*n.* 水牛【複數形爲 buffalo(e)s】

　　herd〔hɜd〕*n.* (家畜) 群　　*make sense* 有道理；有意義

　　perfect〔'pɜfɪkt〕*adj.* 完美的；完全的　　fly〔flaɪ〕*n.* 蒼蠅

　　for example 例如　　business〔'bɪzɪnɪs〕*n.* (昆蟲) 群

　　surprising〔sə'praɪzɪŋ〕*adj.* 令人驚訝的

　　shark〔ʃɑrk〕*n.* 鯊魚　　school〔skul〕*n.* (魚) 群

18. (**A**) 根據本文，作者認爲，大部分的人

　　(A) <u>不知道一群鯊魚叫做什麼名稱。</u>

　　(B) 認爲一群狼不應該被稱爲 "a pack"。

　　(C) 很害怕一群狼，因爲他們被稱爲 "a pack"。

　　(D) 對於學習動物的群沒有興趣。

　　* *be interested in* 對～有興趣

19. (**C**) 本篇文章的一開始，可能少了下列哪一個句子？

    (A) 一群烏鴉被稱爲 "a murder"。

    (B) 學習語言非常困難。

    (C) 你知道動物群的名稱嗎？

    (D) 你對動物有什麼想法？你喜歡動物嗎？

    * missing 〔'mɪsɪŋ〕 adj. 遺失的；失落的
      crow 〔kro〕 n. 烏鴉　　murder 〔'mɝdɚ〕 n. (烏鴉) 群

20. (**A**) 上面文章最後一個部分可能少了哪一個句子？

    (A) 此外，一群可怕的蛇被稱爲 "a bed"。這不是很有趣嗎？
       想像一下，一群蛇鋪成一張床的樣子。

    (B) 我們爲什麼要給它們一個名字呢？誰知道？

    (C) 世界上總是有一些事情，會使動物們驚訝。

    (D) 人們認爲，一群動物被稱爲一個奇怪的名字很奇怪。

    * above 〔ə'bʌv〕 adv. 在上面　　*what is more* 此外
      scary 〔'skɛrɪ〕 adj. 可怕的　　snake 〔snek〕 n. 蛇
      bed 〔bɛd〕 n. 床；(蛇) 群　　imagine 〔ɪ'mædʒɪn〕 v. 想像
      surprise 〔sə'praɪz〕 v. 使驚訝

(21～23)

共同追憶布丁

歡迎任何想要來參加聚會的人。

讓我們一起和小狗布丁說再見。

他將在二號宿舍前面的大樹下陪伴我們。

我們相信他會像他在世時一樣，保護我們平安。

布丁生活在學校的時間：2016 年九月～2020 年一月

年齡：11 歲

日期：2020 年 1 月 26 日

聚會時間表

　8:00～　8:30　　聚會介紹

　8:30～　9:30　　布丁的照片分享

　9:30～10:00　　埋葬儀式

10:00～12:00　　爲布丁做現場樂團表演

如果你有興趣參加此次聚會，請上臉書「布丁」粉絲團。

【註釋】

remember〔rɪ'mɛmbɚ〕v. 回憶；追思　　pudding〔'pʊdɪŋ〕n. 布丁
meeting〔'mitɪŋ〕n. 聚會　　welcome〔'wɛlkəm〕adj. 受歡迎的
in front of 在～之前　　dorm〔dɔrm〕n. 宿舍
alive〔ə'laɪv〕adj. 活著的　　schedule〔'skɛdʒul〕n. 時間表
introduction〔ˌɪntrə'dʌkʃən〕n. 介紹　　photo〔'foto〕n. 照片
burial〔'bɛrɪəl〕n. 埋葬　　ceremony〔'sɛrəˌmonɪ〕n. 典禮；儀式
live〔laɪv〕adj. 現場的　　band〔bænd〕n. 樂團
be interested in 有～有興趣　　join〔dʒɔɪn〕v. 加入；參加
fan〔fæn〕n. 迷；粉絲　　**FB** 臉書【完整單字爲 Facebook】

21. (**C**) 哪一個句子可能和布丁無關？

(A) 在保護我們學生的時候，他甚至會對著想要進入女生宿舍
　　 的男生狂吠。

(B) 在今年年初，老「布丁」就病得很重。

(C) 這隻狗死於 2016 年 11 月。

(D) 許多學生在臉書上留言說，要讓他走眞的好難。

* likely〔'laɪklɪ〕adv. 可能地　　bark〔bark〕v. 吠叫
　enter〔'ɛntɚ〕v. 進入　　beginning〔bɪ'gɪnɪŋ〕n. 開始
　message〔'mɛsɪdʒ〕n. 留言　　hard〔hard〕adj. 困難的

22.(**D**) 以下是在 2020 年 1 月 26 日，兩名學生之間的對話。

> 提娜：嘿，麥克。你要去哪裡？你不是要去參加為布丁舉
> 行的聚會嗎？
>
> 麥克：不，我不能去。我 8:35 有課，這節課持續一小時。
> 我的課一結束，我就會去那裡。
>
> 提娜：好吧。你不能去真是可惜。對了，我 9:50 和老師有
> 約，但是老師只給我 20 分鐘。我在 10:35 以前會回
> 到儀式上。我到時候再打電話給你。
>
> 麥克：太好了。到時候見。

在這段對話之後，提娜和麥克可能在什麼時候一起碰面？

(A) 8:35。   (B) 9:30。

(C) 10:10。   (D) <u>10:35</u>。

* following〔ˋfɑloɪŋ〕*adj.* 以下的
conversation〔͵kɑnvɚˋseʃən〕*n.* 對話
last〔læst〕*v.* 持續　　***as soon as*** 一～時
pity〔ˋpɪtɪ〕*n.* 可惜之事　　***by the way*** 順便一提

23.(**A**) 以下是布丁的臉書網頁上一些評論。哪一個對布丁最不尊重？

 U&I 舉行過這次道恩儀式之後，我們還要幫這隻狗蓋座廟嗎？
like · Reply

 Jackie 這個儀式表現了對生命的尊重。
like · Reply

 Xiao Bao 我會永遠記得你的，布丁。
like · Reply

 Nikki 請安息。
like · Reply

請寫下評論…

(A) U&I。   (B) Jackie。

(C) Xiao Bao。   (D) Nikki。

* below〔bə'lo〕*adv.* 在下   comment〔'kɑmɛnt〕*n.* 評論
　page〔pedʒ〕*n.* 網頁   least〔list〕*adj.* 最不
　respect〔rɪ'spɛkt〕*n.* 敬意   hold〔hold〕*v.* 舉行
　memorial〔mə'morɪəl〕*adj.* 紀念的
　temple〔'tɛmpḷ〕*n.* 寺廟   *as well* 也
　rest〔rɛst〕*v.* 休息；長眠   *rest in peace* 安息

(24～26)

　　你用什麼東西來寫字呢？人類數千年來，一直用寫字來傳遞歷史、知識和訊息。但是在當時，我們沒有鋼筆或鉛筆。我們一開始，是用尖銳的東西在岩石上刻字。直到西元六世紀，才有一種新的寫字方法被發明出來——羽毛筆。

　　羽毛筆是用鳥的羽毛所製成，是一種寫字的工具。用鳥的羽毛來當筆，聽起來是不是像個奇怪的主意？然而，鳥的羽毛是中空的，裡面可以裝入少量的墨水。羽毛的尖端有一個小小的開口，在接觸到紙時，可以讓墨水流出來。

　　羽毛筆的使用超過一千年——從西元六世紀到十九世紀。在 1822 年，人類發明出鋼筆。那種新的筆不需要被削尖，它們不會像羽毛筆一樣弄得亂七八糟，而且它們可以使用比羽毛筆久得多。很快地，羽毛筆就被鋼筆取代了。

【註釋】

human〔'hjumən〕*n.* 人   *pass on* 傳遞
history〔'hɪst(ə)rɪ〕*n.* 歷史   knowledge〔'nɑlɪdʒ〕*n.* 知識

news〔njuz〕*n.* 新聞；消息　　***thousands of*** 數千個
back then 在當時　　scratch〔skrætʃ〕*v.* 抓；刻畫
rock〔rɑk〕*n.* 岩石　　sharp〔ʃɑrp〕*adj.* 尖銳的
It wasn't until…that~ 直到…才~　　century〔ˋsɛntʃərɪ〕*n.* 世紀
invent〔ɪnˋvɛnt〕*v.* 發明　　quill〔kwɪl〕*n.* (羽毛) 翎管
quill pen 羽毛筆　　feather〔ˋfɛðɚ〕*n.* 羽毛　　tool〔tul〕*n.* 工具
sound like 聽起來像　　strange〔strendʒ〕*adj.* 奇怪的
hollow〔ˋhɑlo〕*adj.* 中空的　　hold〔hold〕*v.* 容納；裝入
amount〔əˋmaʊnt〕*n.* 量　　***a small amount of*** 少量的
ink〔ɪŋk〕*n.* 墨水　　inside〔ɪnˋsaɪd〕*prep.* 在~裡面
opening〔ˋopənɪŋ〕*n.* 開口　　tip〔tɪp〕*n.* 尖端
allow〔əˋlaʊ〕*v.* 允許　　***come out*** 出來　　touch〔tʌtʃ〕*v.* 接觸
steel〔stil〕*n.* 鋼　　kind〔kaɪnd〕*n.* 種類　　need〔nid〕*v.* 需要
sharpen〔ˋʃɑrpən〕*v.* 削尖　　messy〔ˋmɛsɪ〕*adj.* 凌亂的
replace〔rɪˋples〕*v.* 取代

24. (**B**) 根據本文，人們為什麼要使用羽毛當作寫字工具？

(A) 因為這是一個夠奇怪的主意。

(B) <u>因為它可以裝入一點墨水，在羽毛尖端接觸到紙張時，</u>
　　<u>讓墨水流出來。</u>

(C) 因為它可以使用超過一千年。

(D) 因為鳥的羽毛很多。

* able〔ˋebl〕*adj.* 能夠的　　***be able to V*** 能夠

25. (**C**) 根據本文，第一段中的 "scratching" 是什麼意思？

(A) 用筆在岩石上寫東西。

(B) 用羽毛筆在紙上寫東西。

(C) <u>在某種表面上做記號。</u>

(D) 把羽毛做成筆。

* paragraph〔ˋpærəˏgræf〕*n.* 段落
　mark〔mɑrk〕*v.* 做記號；標示　　surface〔ˋsɝfɪs〕*n.* 表面

26. (**A**) 作者對於鋼筆有何看法？

    (A) 它們比羽毛筆有用、方便得多。

    (B) 它們很快就可以被羽毛筆取代。

    (C) 它們比羽毛筆更長。   (D) 它們可以被用來寫在岩石上。

    * useful〔'jusfəl〕*adj.* 有用的
     convenient〔kən'vinjənt〕*adj.* 方便的

（27～29）

親愛的聖誕老公公：

    去年你和我有約定，我必須做個乖孩子。我現在寫這封信給你，是要告訴你，我有一直把這個約定記在心裡，而且我有一直當爸媽的乖孩子。我每週一三五都幫媽媽洗碗，不過週二、週四沒有，因為這兩天必須上鋼琴課。我今年夏天也通過鋼琴檢定考試，我已經達到二級了。史密斯老師送給我一盒巧克力，做為獎品。每天爸爸下班後，我會幫他按摩。他告訴我，他的肩膀和脖子很僵硬，但有我幫他按摩後，他覺得舒服多了。我想我會持續這麼做，除非他不需要我做了。親愛的聖誕老公公，我有遵守我們的約定，不是嗎？所以今年，我想我可以向你要求一些禮物。你不會不同意吧？

    現在，我就告訴你我想要的禮物。首先，我想要一副手套送給媽媽。她的手總是很冷。第二，一個新的浴缸。爸爸下班就可以泡個熱水澡。接著，我想要 100 元，買耳環送給史密斯老師。我要感謝她教我彈鋼琴。

    請讓我的願望實現。謝謝你，聖誕老公公。

                             愛你的

                             山姆

【註釋】

deal〔dil〕*n.* 交易；約定　　***make a deal*** 做交易；成交

keep *sth.* ***in mind*** 把某事牢記在心　　***all the time*** 一直；總是

kid〔kɪd〕*n.* 小孩　　dish〔dɪʃ〕*n.* 盤子　　***wash the dishes*** 洗碗

piano〔pɪˋæno〕*n.* 鋼琴　　pass〔pæs〕*v.* 通過

reach〔ritʃ〕*v.* 達到　　level〔ˋlɛvḷ〕*n.* 水平；等級

prize〔praɪz〕*n.* 獎；獎品　　massage〔məˋsɑʒ〕*n.* 按摩

shoulder〔ˋʃoldɚ〕*n.* 肩膀　　neck〔nɛk〕*n.* 脖子

stiff〔stɪf〕*adj.* 僵硬的　　comfortable〔ˋkʌmfɚtəbḷ〕*adj.* 舒服的

continue〔kənˋtɪnju〕*v.* 繼續　　unless〔ʌnˋlɛs〕*conj.* 除非

present〔ˋprɛzn̩t〕*n.* 禮物　　agree〔əˋgri〕*v.* 同意

pair〔pɛr〕*n.* 一對；一副　　glove〔glʌv〕*n.* 手套

bathtub〔ˋbæθˏtʌb〕*n.* 浴缸　　bath〔bæθ〕*n.* 沐浴；洗澡

earrings〔ˋɪrˏrɪŋz〕*n. pl.* 耳環　　wish〔wɪʃ〕*n.* 願望

come true 成眞；實現

27.(**C**) 山姆沒有向聖誕老公公要求什麼？

(A) 手套　　(B) 錢　　(C) <u>耳環</u>　　(D) 浴缸

28.(**B**) 山姆多久上一次鋼琴課？

(A) 時常。　　　　　　(B) <u>一星期二次。</u>

(C) 一天二小時。　　　(D) 一星期三次。

＊ ***how often*** 多久一次？【問頻率】

29.(**A**) 根據這封信，何者正確？

(A) <u>山姆做了一些家事，以遵守他和聖誕老公公的約定。</u>

(B) 史密斯老師送給他巧克力，作爲聖誕節禮物。

(C) 山姆每天在爸爸下班後都留言給他。

(D) 山姆的媽媽可以使用新手套來洗碗。

＊ housework〔ˋhausˏwɝk〕*n.* 家事　　gift〔gɪft〕*n.* 禮物

message〔ˋmɛsɪdʒ〕*n.* 訊息　　***leave a message*** 留言

（30～31）

身為九年級學生，法蘭克必須考比以前更多的考試。這很困難，但是法蘭克總是準備得很好。他在每次考試前都非常用功唸書。上個月，有件奇怪的事情發生在他身上。

星期一，法蘭克考歷史。他得到滿分。他也注意到，外面在下雨。

星期二，法蘭克考數學。他得到滿分。他也注意到，外面在下雨。

星期三，法蘭克考社會科。他得到滿分。他也注意到，外面在下雨。

星期四，法蘭克考國語。他得到滿分。再一次，他注意到外面在下雨。

法蘭克開始思考之前所發生的事情。每天他考試、下雨。還有，他考試考滿分。因此，他得到結論：會下雨全都是因為他考滿分。

法蘭克星期五要考自然科。他非常緊張。他一如往常，非常認真讀書。他想要再考一次滿分。當法蘭克讀完書時，他查了一下星期五的氣象報告。氣象報告說會陽光普照、天氣晴朗，這使得法蘭克更加緊張。

星期五來了。天空晴朗無雲、陽光普照。法蘭克非常擔心，但他還是盡全力去考自然科。老師打完分數，把試卷交還給他。<u>令他驚訝的是</u>，他得了滿分！他注意到，外面還是陽光晴朗普照。他不知道該如何解釋。但是他還是很高興，他可以得到很陽光的分數。

【註釋】

grader〔ˋgredɚ〕 *n.* …年級學生　　***take tests*** 參加考試
than (ever) before 比以前　　prepare〔prɪˋpɛr〕 *v.* 準備
strange〔strendʒ〕 *adj.* 奇怪的　　happen〔ˋhæpən〕 *v.* 發生
perfect〔ˋpɝfɪkt〕 *adj.* 完美的　　score〔skor〕 *n.* 分數
perfect score 滿分　　notice〔ˋnotɪs〕 *v.* 注意到
social〔ˋsoʃəl〕 *adj.* 社會的　　***social studies*** 社會科
think about 思考　　result〔rɪˋzʌlt〕 *n.* 結果　　***as a result*** 因此
conclude〔kənˋklud〕 *v.* 下結論　　***because of*** 因為
be going to V 即將　　science〔ˋsaɪəns〕 *n.* 科學；自然科
nervous〔ˋnɝvəs〕 *adj.* 緊張的　　like〔laɪk〕 *prep.* 像
like always 像往常一樣　　check〔tʃɛk〕 *v.* 查看
report〔rɪˋport〕 *n.* 報告　　***weather report*** 氣象報告
sunny〔ˋsʌnɪ〕 *adj.* 有陽光的　　clear〔klɪr〕 *adj.* 晴朗的
worried〔ˋwɝɪd〕 *adj.* 擔心的　　***do one's best*** 盡全力
grade〔gred〕 *v.* 打分數；評分　　explain〔ɪkˋsplen〕 *v.* 說明；解釋

30. (**B**) 空格裡面應該填入什麼？

　　(A) 難怪　　　　　　　　　(B) 令他驚訝的是

　　(C) 例如　　　　　　　　　(D) 真是令人驚訝

　　* blank〔blæŋk〕 *n.* 空格　　wonder〔ˋwʌndɚ〕 *n.* 驚奇
　　no wonder 難怪　　surprise〔səˋpraɪz〕 *n.* 驚訝
　　to one's surprise 令某人驚訝的是

31. (**C**) 是什麼原因讓法蘭克認為他的滿分造成下雨？

　　(A) 因為他非常用功讀書。

　　(B) 因為法蘭克現在九年級。

　　(C) 因為每次法蘭克考滿分，外面就下雨。

　　(D) 因為星期五外面天氣晴朗、陽光普照。

（ 32～34 ）

你需要褓姆嗎？

　　嗨，大家好！我是琳達・林。我剛從台北搬到這裡。我正在尋找一份保姆的工作。我白天必須上學，但是我每天晚上都可以工作，除了週三之外。如果你需要保姆，請打電話給我。我的電話號碼是：0911016818。

➢ 一小時新台幣 450 元。

➢ 五年經驗。

➢ 我很擅長說故事、唱歌以及跟孩子們玩遊戲。

➢ 我是一個很棒的廚師。我會做餅乾和奶昔。

　　我對小孩很有耐心，而且我知道要如何照顧他們。

【註釋】

babysitter〔'bebɪˌsɪtɚ〕n. 保姆　　babysit〔'bebɪˌsɪt〕v. 當保姆
move〔muv〕v. 搬家　　*look for* 尋找
except〔ɪk'sɛpt〕prep. 除了～之外
experience〔ɪk'spɪrɪəns〕n. 經驗
be good at 擅長　　*tell stories* 說故事
cookie〔'kukɪ〕n. 餅乾　　milkshake〔'mɪlkˌʃek〕n. 奶昔
patient〔'peʃənt〕adj. 有耐心的　　*take care of* 照顧

32. (**C**) 琳達為什麼白天不能工作？

　　　(A) 她必須睡覺。　　　　(B) 她必須去購物。

　　　(C) 她必須上學。　　　　(D) 她必須回台北。

　　* go shopping 去購物

33. (**B**) 琳達沒有說什麼？

    (A) 她會煮飯。   (B) <u>她會開車接送小孩。</u>

    (C) 她會說故事。   (D) 她會唱歌。

    * *pick up* 開車接送

34. (**C**) 琳達當保姆四小時可以賺到多少錢？

    (A) 台幣 1,000 元。   (B) 台幣 1,600 元。

    (C) <u>台幣 1,800 元。</u>   (D) 台幣 1,900 元。

（35～37）

你知道有一種機器可以看出你在說謊嗎？這種機器<u>被稱</u>
            35

<u>為測謊機。測謊機被用來看出</u><u>你是否說實話</u>。這樣的機器是
            36

如何運作的呢？當你沒有說實話時，你可能會有一<u>些</u>你無法隱

藏的身體反應。例如，你的心跳速率可能會加快，你的呼吸會

變得更急促。記錄這些反應就是測謊機的工作。基本上，這個

機器會記錄下你無法控制的反應，例如你的心跳速率和呼吸。

首先，審問者會問你同意或不同意兩種敘述——他或她已知是

正確的，以及他或她已知是錯誤的。也就是說，審問者必須知

<u>道你的心跳速率應該有多快</u>。這些問題的答案，會幫助審問者
            37

分辨你「真正的」反應是怎樣。然而，有些國家不會使用測謊

機，因為他們發現，有些人真的能控制自己的身體反應，來欺

騙這些機器。

【註釋】

　　kind〔kaɪnd〕*n.* 種類　　machine〔məˈʃin〕*n.* 機器
　　lie〔laɪ〕*n.* 謊言　　*v.* 說謊【三態變化和現在分詞爲 lie-lied-lied-lying】
　　detector〔dɪˈtɛktɚ〕*n.* 偵測器　　*find out* 發現
　　work〔wɝk〕*v.* 運作　　*tell the truth* 說實話
　　reaction〔rɪˈækʃən〕*n.* 反應　　hide〔haɪd〕*v.* 隱藏
　　rate〔ret〕*n.* 速率　　*heart rate* 心跳速率
　　breathe〔brið〕*v.* 呼吸　　record〔rɪˈkɔrd〕*v.* 記錄
　　basically〔ˈbesɪklɪ〕*adv.* 基本上　　control〔kənˈtrol〕*n., v.* 控制
　　examiner〔ɪgˈzæminɚ〕*n.* 檢查者；審問者　　agree〔əˈgri〕*v.* 同意
　　disagree〔ˌdɪsəˈgri〕*v.* 不同意　　statement〔ˈstetmənt〕*v.* 敘述
　　that is 也就是說　　fool〔ful〕*v.* 愚弄；欺騙

35. (**B**) (A) be famous for 以～（特色）聞名
　　　　　　 (B) *be known as* 被稱爲
　　　　　　 (C) be popular with 受～歡迎
　　　　　　 (D) put up with 忍受

36. (**A**) (A) <u>你是否說實話</u>　　　　　(B) 你爲什麼說謊
　　　　　　 (C) 你發生了什麼事　　　　　(D) 你何時應該接受測試

37. (**D**) (A) 事實是什麼
　　　　　　 (B) 如何正確回答問題
　　　　　　 (C) 什麼種類的問題可以問
　　　　　　 (D) <u>你的心跳速率應該有多快</u>

（38～41）

　　漢克今天早上<u>拜訪</u>了他的鄰居，林先生。他帶了一些甜食給
　　　　　　　38
　　他，和他談話。

漢　克：嗨，林先生。我即將要去台中出差三天。你願意照
　　　　顧一下我的小狗露西嗎？

林先生：好的，我<u>會</u>照顧她的。別擔心。
　　　　　　　40

漢　克：太好了，謝謝。你真是幫了大忙。

林先生：要照顧她，我應該<u>做些</u>什麼？
　　　　　　　　　　　41

漢　克：這裡有一<u>些</u>狗食。請一天餵她兩次，還有請記得帶她
　　　　去公園遛一遛。

林先生：我知道了。還有嗎？

漢　克：噢，我差點忘了！她必須和這隻玩具貓一起睡覺。

【註釋】

neighbor〔ˋnebɚ〕n. 鄰居　　sweet〔swit〕n. 甜食
business trip 商務旅行；出差　　willing〔ˋwɪlɪŋ〕adj. 願意的
take care of 照顧　　puppy〔ˋpʌpɪ〕n. 小狗
feed〔fid〕v. 餵食　　twice〔twaɪs〕adv. 兩次
walk〔wɔk〕v. 遛（狗）　　forget〔fɚˋgɛt〕v. 忘記

38.(**B**) 從時間副詞 this morning，及後面兩個動詞 brought 和 talked
　　　　可知，空格亦為過去式動詞，故選 (B) ***visited***「拜訪」。

39.(**B**) 在這個問句中，由主詞 you 後面為原形動詞可知，空格為助動
　　　　詞，故選 (B) ***Would***。

40.(**D**) 依句意，動作應是未來式，故選 (D) ***will take***。

41.(**B**) 在疑問句中，助動詞放在主詞前，而後面應用原形動詞，故
　　　　選 (B) ***do***。

聽力測驗（第 1-21 題，共 21 題）

第一部分：辨識句意（第 1-3 題，共 3 題）

1. (**C**) (A)　　　　　　(B)　　　　　　(C)

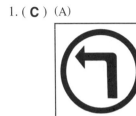

You can't turn left here. 你不能在這裡左轉。

2. (**A**) (A)　　　　　　(B)　　　　　　(C)

Please give up your seat on a bus for an elderly person.
請讓座給年長者。

　*　*give up* one's seat　讓座　　elderly〔ˈɛldɚlɪ〕*adj.*　年長的

3. (**B**) (A)　　　　　　(B)　　　　　　(C)

Wow, the tie looks great on you.　How much does it cost?
哇，你戴這條領帶眞好看。這條領帶價値多少錢？

　*　tie〔taɪ〕*n.*　領帶（= *necktie*）

第二部分：基本問答（第 4-10 題，共 7 題）

4. (**A**) Will Mr. Truman come to the office today?

　　杜魯門先生今天會進辦公室嗎？

　　(A) Perhaps not. 也許不會。

　　(B) He appears to be sad. 他看起來很傷心。

　　(C) I won't do that any more. 我不會再那樣做了。

　　* perhaps〔pəˋhæps〕 *adv.* 也許
　　　appear〔əˋpɪr〕 *v.* 似乎；看起來　　***not…any more*** 不再…

5. (**A**) Why aren't you wearing your helmet?

　　你為什麼不戴安全帽嗎？

　　(A) I've just had my hair done. 我的頭髮剛吹好。

　　(B) I'm afraid I have to give you a ticket.
　　　　我恐怕必須開一張罰單給你。

　　(C) You are too late to say this. 你這樣說已經太遲了。

　　* helmet〔ˋhɛlmɪt〕 *n.* 安全帽　　ticket〔ˋtɪkɪt〕 *n.* 票；罰單

6. (**B**) Have you got a second? 你有空嗎？

　　(A) No, this is my first time. 不，這是我的第一次。

　　(B) Sure, let me finish a call. 當然，先讓我打完電話。

　　(C) Yes, I'm the second child. 是的，我排行老二。

　　* second〔ˋsɛkənd〕 *n.* 秒；瞬間；片刻

7. (**B**) How far is it from your home to your school?

　　從你家到你的學校有多遠？

　　(A) Around the school. 在學校周圍。

　　(B) About fifty meters. 大約 50 公尺。

　　(C) The number one bus. 一號公車。

　　* meter〔ˋmitə〕 *n.* 公尺

8. (**A**) What hours are they open? 他們的營業時間爲何？

　　(A) Just regular office hours. 就是一般的上班時間。

　　(B) I'll open it now. 我現在就打開它。

　　(C) I don't think this is ours. 我不認爲這是我們的。

　　* regular〔ˈrɛgjələ〕*adj.* 一般的

9. (**A**) Your total is NT$2,000. 您的總金額是新台幣 2000 元。

　　(A) OK. Here you go. 好的。拿去。

　　(B) Will you pay by cash or credit card?
　　　　您要用現金或是信用卡付費？

　　(C) I need these cookies and drinks for a party at my
　　　　office. 我辦公室裡的派對需要這些餅乾和飲料。

　　* total〔ˈtotl̩〕*n.* 總額　　*Here you go.* 你要的東西在這裡。
　　　pay〔pe〕*v.* 付費　　　cash〔kæʃ〕*n.* 現金
　　　credit card 信用卡

10. (**B**) When you are in trouble in school, whom should you
　　　turn to? 當你在學校有麻煩時，你應該找誰求助？

　　(A) My boss. 我的老闆。

　　(B) My advisor. 我的導師。

　　(C) My family doctor. 我的家庭醫生。

　　* *be in trouble* 有麻煩　　*turn to sb.* 向某人求助
　　　advisor〔ədˈvaɪzə〕*n.* 導師（= *adviser*）

第三部分：言談理解（第 11-21 題，共 11 題）

11. (**C**) W：How are you going to vote?
　　　女：你打算怎麼投票呢？
　　　M：I don't know. I don't like either candidate.
　　　男：我不知道耶。兩個候選人我都不喜歡。

Question : What will the man probably do?

這位男士可能會怎麼做？

(A) He'll vote for both people. 他會投票給兩個人。

(B) Ask the woman to vote. 要求這位女士去投票。

(C) He won't vote. 他不會去投票。

* vote〔vot〕*v.* 投票　　candidate〔ˋkændə,det〕*n.* 候選人
either〔ˋiðɚ〕*adj.*（二者中）任一個　　***not…either*** 二者皆不…

12. (**B**) W : Paul, what's your favorite sport?

女：保羅，你最喜歡的運動是什麼？

M : I used to play baseball every day. But now I'm interested in playing table tennis. What about you, Susan?

男：我過去天天都打棒球，但現在我對桌球很有興趣。

那蘇珊妳呢？

W : I enjoy playing volleyball.

女：我喜歡打排球。

Question : What's Paul's favorite sport?

保羅最喜歡的運動是什麼？

(A) Basketball. 籃球。

(B) Table tennis. 桌球。

(C) Volleyball. 足球。

* favorite〔ˋfevərɪt〕*adj.* 最喜歡的　　sport〔sport〕*n.* 運動
used to V 過去常常；過去曾經　　***table tennis*** 桌球
volleyball〔ˋvɑlɪ,bɔl〕*n.* 排球

13. (**C**) M : Must I go there by bus?

男：我必須要搭公車去那裡嗎？

W : No, you don't have to. It's only about ten minutes' walk from here.

女：不，你不必。從這裡過去走路只要 10 分鐘。

Question : How will the man go there?

這位男士將會怎麼去那裡？

(A) By bus. 搭公車。

(B) By taxi. 坐計程車。

(C) On foot. 步行。

* ***don't have to V*** 不必　　***on foot*** 步行；走路

14. (**B**)　M : Did you hear the news? My sister got a job at the local TV station!

男：妳聽到消息了嗎？我姊姊在本地的電視台找到工作了！

W : Wow! That's good news. What's she going to do there?

女：哇！眞是好消息。她在那裡要做什麼？

M : I'm not sure, but I think she'll start in the news room and work her way up to reporter.

男：我不確定，但是我想她會從新聞編輯室開始，一路努力做到記者。

W : Oh, that's right. She was a journalism major, wasn't she? I wish her all the best.

女：噢，沒錯。她主修新聞，不是嗎？祝福她一切順利。

Question : What happened to the man's sister?

這位男士的姊姊怎麼了？

(A) She was accepted to a university. 她考上大學了。

(B) She was hired by a television station. 她被電視台雇用。

(C) She was featured in a news article.

她在新聞裡被特別報導。

* local〔'lokḷ〕*adj.* 本地的　　***news room*** 新聞編輯室

work one's ***way up*** 努力逐漸高升

reporter〔rɪ'portɚ〕*n.* 記者
journalism〔'dʒɜnḷ,ɪzəm〕*n.* 新聞學
major〔'medʒɚ〕*n.* 主修…的學生　　wish〔wɪʃ〕*v.* 祝福
accept〔ək'sɛpt〕*v.* 接受　　hire〔haɪr〕*v.* 雇用
feature〔'fitʃɚ〕*v.*（報章雜誌等）特別報導
article〔'ɑrtɪkḷ〕*n.* 文章

15. (**B**) This is Rick Stevens with your Monday morning weather
forecast. It's going to be a wet one out there today.
Expect periods of thunderstorms and heavy rain,
especially along the coast, where we'll see accumulations
of 1 to 2 inches over the next 24 hours or so.

我是瑞克・史蒂文斯，為您播報週一早晨的氣象預報。今天外面
將是潮濕的一天，預計會出現間歇的強風雷雨和豪雨，特別是沿
岸地區，在未來的 24 小時左右，累積雨量將會達到 1 至 2 吋。

Question : What does the forecast call for?

氣象預報預測什麼？

(A) Clear skies. 晴朗的天空。

(B) Rain. 下雨。

(C) Snow. 下雪。

* forecast〔'for,kæst〕*n.* 預測　　***weather forecast*** 氣象預報
wet〔wɛt〕*adj.* 潮濕的　　***out there*** 在那邊；在外面
expect〔ɪk'spɛkt〕*v.* 預期　　period〔'pɪrɪəd〕*n.* 時期；期間
thunderstorm〔'θʌndɚ,stɔrm〕*n.*（夾著強風的）雷雨
especially〔ə'spɛʃəlɪ〕*adv.* 特別是；尤其
along〔ə'lɔŋ〕*prep.* 沿著　　coast〔kost〕*n.* 海岸
accumulation〔ə,kjumjə'leʃən〕*n.* 累積　　inch〔ɪntʃ〕*n.* 吋
or so 大約　　***call for*** 預測　　clear〔klɪr〕*adj.* 晴朗的

16. (**A**) W : Jack, do you have a lunch box every day?

女：傑克，你每天都吃便當嗎？

M : Yes. My mother makes one for me almost every day.

男：是的，我媽媽幾乎每天都會為我做便當。

W : How about your classmates?

女：那你的同學們呢？

M : Most of them order the lunch box at school.

男：他們大部分都在學校訂便當。

Question : What is Jack? 傑克是做什麼的？

(A) A student. 學生。

(B) A teacher. 老師。

(C) A businessman. 商人。

* order〔'ɔrdɚ〕*v.* 訂購　businessman〔'bɪznɪs,mæn〕*n.* 商人

17. (**B**) M : What time is it now?

男：現在幾點了？

W : It's ten to six.

女：差十分到六點（5點50分）。

M : The movie will begin in a quarter.

男：電影再過 15 分鐘就要開始了。

W : Yes. Let's hurry.

女：是啊，我們趕快。

Question : What are they going to do? 他們要去做什麼？

(A) Eat dinner. 吃晚餐。

(B) See a movie. 看電影。

(C) Go to a ball game. 去看球賽。

* quarter〔'kwɔrtɚ〕*n.* 四分之一；一刻鐘；15 分鐘

18. (**B**) M : Cindy, help yourself to the fruit. Make yourself at home.

男：辛蒂，要吃水果自己拿。不要客氣。

W : Thank you, Bill.

女：謝謝你，比爾。

Question：Where's the woman? 這位女士在哪裡？

(A) At her own house. 在她自己家裡。

(B) At Bill's house. 在比爾家裡。

(C) At Cathy's house. 在凱西家裡。

* ***help*** *oneself* ***to*** 自行取用
  make *oneself* ***at home*** 不要客氣；不要拘束

19. (**C**) M：Hi, I'm here for a cake-tasting appointment. I called yesterday to confirm the flavors I want to try.

男：嗨，我在這裡預約了蛋糕試吃。我昨天有打電話來確認我要試吃的口味。

W：Yes, we have your samples right here. I remember you said you're looking to order a cake for a wedding in June. How many people will attend?

女：有的，我們這裡準備好您的試吃品了。我記得您說，您要訂購六月的婚禮蛋糕。有多少人會出席呢？

M：We're expecting about 200 people. I'll need to talk to the bride, though. She'll want to see pictures.

男：我們預計大約 200 人，不過我還得和新娘談談。她想要看照片。

W：OK, that's fine. I can give you some brochures to show them.

女：好的，沒問題。我可以給您一些小冊子，上面有照片。

M：Great! So let's start tasting some of these delicious cakes.

男：太好了！那我們開始試吃這些好吃的蛋糕吧。

Question：Why is the man visiting a business?
　　　　　這位男士為什麼要去這家商店？

(A) To speak with a potential client.

　　爲了和可能的客戶談一談。

(B) To complain about a purchase.

　　爲了抱怨一件購買的東西。

(C) To try some products. <u>爲了試試一些產品。</u>

* taste〔test〕v. 品嚐　　　appointment〔ə'pɔɪntmənt〕n. 約定
confirm〔kən'fɜm〕v. 確認　　　flavor〔'flevɚ〕n. 口味
sample〔'sæmpḷ〕n. 樣品　　　wedding〔'wɛdɪŋ〕n. 婚禮
attend〔ə'tɛnd〕v. 出席　　　expect〔ɪk'spɛkt〕v. 期待
bride〔braɪd〕n. 新娘　　　brochure〔bro'ʃʊr〕n. 小冊子
business〔'bɪznɪs〕n. 商店　　　potential〔pə'tɛnʃəl〕adj. 可能的
client〔'klaɪənt〕n. 客戶　　　complain〔kəm'plen〕v. 抱怨
purchase〔'pɜtʃəs〕n. 購買　　　product〔'prɑdʌkt〕n. 產品

20. (**C**) Wow! I can't believe I'm standing here. This is a thrill!
Well, first, I'd like to thank my parents. They paid for
my acting classes for so many years. Mom, Dad, your
money was well-spent. My thanks also go to my support
team of Bill and Vicki. Special thanks go to Sam, who
wrote a great part for me. Also, I must thank my husband,
Dwayne. He's done all the housework and taken care of
our baby. Without him I couldn't have done so well on
the big screen. And most of all, thank you to my fans.
You're the reason I'm here tonight.

哇！我不敢相信我竟然站在這裡，眞是太令人興奮了！嗯，首先
我想要感謝我的父母。他們支付我的表演課程的費用好多年了。
爸爸媽媽，你們的錢沒有白花。我也要感謝我的支援團隊，比爾
和維琪。特別感謝山姆，爲我寫了這麼好的角色。此外，我也必
須感謝我的丈夫唐尼，他包辦所有的家事，還要照顧我們的寶貝，
如果沒有他，我在大銀幕前不可能有這麼好的表現。而最重要的
是，我所有的粉絲，感謝你們。有了你們，我今晚才能站在這裡。

Question： What did the speaker win the prize for?

說話者因為什麼贏得這個獎？

(A) Cooking. 烹飪。

(B) Teaching. 教書。

(C) Acting. 演戲。

* thrill〔θrɪl〕n. 興奮　　***pay for*** 支付費用　　act〔ækt〕v. 演戲
well-spent adj. 用得很適當的　　support〔sə'port〕n. 支援
part〔part〕n. 角色　　housework〔'haʊs‚wɜk〕n. 家事
take care of 照顧　　screen〔skrin〕n. 螢幕
the big screen 大螢幕；指「電影界」
most of all 最重要的是　　fan〔fæn〕n. 迷；粉絲
prize〔praɪz〕n. 獎

21. (**A**) M： Did I pass the test?

男：我通過考試了嗎？

W： I'm sorry, Robert.　You failed it.　You have to wait until next month before you can take it again.

女：我很抱歉，羅伯特。你沒有通過。你必須等到下個月才能重考。

Question： What did the woman say?

這位女士說了什麼？

(A) Robert did poorly and cannot be retested again until next month.

羅伯特表現不佳，必須到下個月才能重考。

(B) Robert cannot be retested even if he wants it.

羅伯特不能重考，即使他想要。

(C) Robert should take the test again next week.

羅伯特下星期應該重考。

* fail〔fel〕v. 考試不及格

TEST 4 詳解

閱讀測驗 (第 1-41 題，共 41 題)

第一部分：單題 (第 1-15 題，共 15 題)

1. (**D**) 請看本圖。下列何者正確？

   (A) 花店在書店後面。
   (B) 書店在轉角。
   (C) 麵包店在花店隔壁。
   (D) <u>書店在花店和麵包店之間。</u>

   * florist〔'florɪst〕*n.* 花店　　behind〔bɪ'haɪnd〕*prep.* 在～後面
   bookstore〔'buk,stor〕*n.* 書店　　corner〔'kɔrnə〕*n.* 轉角
   bakery〔'bekərɪ〕*n.* 麵包店　　***next to*** 在～隔壁

2. (**B**) 這些是南西從小就一直保留的玩具。她說她永遠不會把它們丟掉。

   空格關代代替先行詞 the toys，為 kept 的受詞，故關代選受
   格 ***which***，選 (B)。

   * keep〔kip〕*v.* 保留　　***throw away*** 丟掉

3. (**C**) 醫生：你有沒有按照我告訴你的，三餐飯後吃藥呢？
   傑森：有，我已經吃了<u>一些藥</u>，但我還是覺得不舒服、很疲倦。

   依句意，「已經吃了<u>一些藥</u>」，medicine 為不可數名詞，代名
   詞用 ***some***，選 (C)。

   * medicine〔'mɛdəsn̩〕*n.* 藥　　***take the medicine*** 吃藥
   meal〔mil〕*n.* 一餐　　tired〔taɪrd〕*adj.* 疲倦的

4. (**D**) 老師給了很多<u>例子</u>，來幫助她的學生了解她的意思。
   (A) experience〔ɪk'spɪrɪəns〕*n.* 經驗
   (B) envelope〔'ɛnvə,lop〕*n.* 信封
   (C) excuse〔ɪk'skjus〕*n.* 藉口

(D) *example* 〔 ɪg'zæmpḷ 〕 *n.* 例子

* understand 〔,ʌndə'stænd 〕 *v.* 了解　　mean 〔 min 〕 *v.* 意指

5. (**B**) 在睡覺前吃宵夜對你的<u>胃</u>不好；然而，許多台灣人無法放棄這個壞習慣。

(A) eye 〔 aɪ 〕 *n.* 眼睛　　　　(B) *stomach* 〔'stʌmək 〕 *n.* 胃

(C) tooth 〔 tuθ 〕 *n.* 牙齒　　　(D) voice 〔 vɔɪs 〕 *n.* 聲音

* snack 〔 snæk 〕 *n.* 點心；小吃　　*give up* 放棄

habit 〔'hæbɪt 〕 *n.* 習慣

6. (**C**) 你<u>不</u>誠實就交不到朋友。沒有人想要會說謊的朋友。

依句意，「<u>不</u>誠實就交不到朋友」，爲雙重否定，選 (C) *without*。

* *make friends* 交朋友　　honest 〔'ɑnɪst 〕 *adj.* 誠實的

tell lies 說謊話

7. (**C**) 你的數位手錶相當不錯。你在哪裡買的？我也想要買<u>一只</u>。

第一個空格指的是同一只表，代名詞要用 *it*，第二個空格則沒有特定指哪一只，代名詞用 *one*，選 (C)。

* digital 〔'dɪdʒɪtḷ 〕 *adj.* 數位的　　quite 〔 kwaɪt 〕 *adv.* 相當地

8. (**C**) 如果湯姆想要通過這個科目，重要的是他<u>不要蹺課</u>。史密斯老師每節課都會點名。

依句意應該是「不要蹺課」，而句中 it 是虛主詞，空格眞正主詞要用不定詞，否定不定詞要用 not to V，選 (C) *not to skip*。

* pass 〔 pæs 〕 *v.* 通過　　course 〔 kors 〕 *n.* 科目

skip 〔 skɪp 〕 *v.* 跳過　　*skip classes* 蹺課

roll 〔 rol 〕 *n.* 名單　　*call the roll* 點名

9. (**D**) A：喬闖了紅燈，發生車禍受了重傷。

B：他通常都不遵守交通規則，所以他<u>爲此付出了嚴重的代價</u>。

(A) 準備好了　　　　　　　　(B) 把它送還給他自己

(C) 讓開車成爲一個美好的經驗

(D) 為此付出了嚴重的代價

> *run a red light* 闖紅燈　　badly〔'bædlɪ〕*adv.* 嚴重地
> *be hurt* 受傷　　accident〔'æksədənt〕*n.* 意外
> usually〔'juʒʊəlɪ〕*adv.* 通常　　follow〔'falo〕*v.* 遵守
> traffic〔'træfɪk〕*n.* 交通　　rule〔rul〕*n.* 規則

10. (**B**) 教室裡有一些學生。其中有些人在看書，其餘的在做作業。

> 表示「有些～，其餘的…」，代名詞用 some～, *the others* …，
> 選 (B)。若要用「有些～，有些…」，代名詞應該用 some～,
> others…，其他三個選項均不合。

> * homework〔'hom,wɜk〕*n.* 家庭作業　　*do homework* 做作業

11. (**D**) 克里夫蘭騎士隊在決賽中擊敗了金州勇士隊。克里夫蘭騎士隊就
成為所謂的冠軍。

> (A) hater〔'hetə〕*n.* 討厭…的人；憎恨…的人
> (B) player〔'pleə〕*n.* 選手；演奏者
> (C) referee〔,rɛfə'ri〕*n.* 裁判
> (D) *champion*〔'tʃæmpɪən〕*n.* 冠軍

> * *the Cavs* 克里夫蘭騎士隊【全名為 the Cleveland Cavaliers，美國
> 職籃球隊之一，位於俄亥俄州的克里夫蘭】　　beat〔bit〕*v.* 打敗
> *the Warriors* 金州勇士隊【全名為 the Golden State Warriors，
> 位於加州的舊金山】　　warrior〔'wɔrɪə〕*n.* 戰士；勇士
> final〔'faɪnl̩〕*n.* 決賽　　*so-called* *adj.* 所謂的

12. (**C**) 那部電影給年輕人看，夠刺激了。

> excite「使興奮」，為情感動詞，有兩個形容詞，exciting
> 「令人興奮的；刺激的」，形容非人，excited「感到興奮
> 的」，形容人。本句主詞為電影，形容詞應用 exciting，而
> enough 為副詞用法，要放在欲修飾的形容詞之後，故本題
> 選 (C) *exciting enough*。

13. (**A**) 辛蒂贏得了第一名，非常高興。

　　　　as…as can be 表示「極為…」，*as happy as can be* 即是

　　　　「非常高興」，選 (B)。

　　　　* place〔ples〕*n.* 名次　　*win (the) first place* 贏得第一名

14.(**D**) 這隻可愛的小狗喜歡<u>慢跑</u>。

　　　　like 的後面可以接動詞或不定詞做受詞，選 (D) *jogging*。

　　　　* cute〔kjut〕*adj.* 可愛的　　puppy〔ˈpʌpɪ〕*n.* 小狗

15.(**D**) 鮑伯已經拖好地板了，但他的同學朗恩<u>還沒有</u>。

　　　　前句用現在完成式，故後句也是，而由連接詞 but 可知，前句

　　　　肯定，後句要用否定，且後句主詞為單數，只留下單數助動詞

　　　　即可，故選 (D) *hasn't*。

　　　　* mop〔mɑp〕*v.*（用拖把）拖　　floor〔flor〕*n.* 地板

　　　　classmate〔ˈklæsˌmet〕*n.* 同班同學

第二部分：題組（第 16-41 題，共 26 題）

（16~17）

親愛的潘妮阿姨：

　　謝謝妳上週的聖誕卡片。好漂亮喔。那張卡片是妳自己做的嗎？大大橙色的聖誕樹的圖案，讓那張卡片變得非常特別。我非常喜歡。我也為妳做了一張卡片。妳可以在卡片上看到一個雪人的圖片。我把它取名叫坦伯頓。我用兩個鈕釦做它的眼睛，一條緞帶做它的圍巾。我幫它做了兩隻手，但沒有腳。最棒的部分是他大大的微笑，就像我的一樣☺。小凱西和我非常興奮，下雪的時候，我們在花園裡跑來跑去。雖然我喜歡在雪地裡玩，但是下雪還是會帶來一些不方便。下次妳可以加入我們，也來享受一下雪。保重喔。

　　　　　　　　　　　　　　　　　　　愛妳的

　　　　　　　　　　　　　　　　　　　亨利

【註釋】

by oneself 獨自　　picture（'pɪktʃɚ）*n.* 圖案
special（'spɛʃəl）*adj.* 特殊的
snowman（'sno,mæn）*n.* 雪人
name（nem）*v.* 命名　　button（'bʌtn̩）*n.* 鈕釦
ribbon（'rɪbən）*n.* 緞帶　　scarf（skɑrf）*n.* 圍巾
excited（ɪk'saɪtɪd）*adj.* 興奮的　　around（ə'raʊnd）*adv.* 到處
garden（'gɑrdn̩）*n.* 花園　　snow（sno）*n.* 雪　*v.* 下雪
inconvenience（,ɪnkən'vinjəns）*n.* 不便
join（dʒɔɪn）*v.* 加入　　*take care* 注意；小心

16.（**D**）文章中的 "it" 指的是什麼？

(A) 亨利的家。　　　　　(B) 亨利的聖誕卡片。
(C) 亨利的雪人。　　　　(D) <u>雪。</u>

17.（**C**）亨利在哪一個月份寄卡片給他的阿姨？

(A) 八月。　　　　　　　(B) 十月。
(C) <u>十二月。</u>　　　　　(D) 九月。

（18～19）

一起拯救世界

　　我們是一個團體。我們在假日時去淨灘、種樹。我們做很多事情來拯救世界。我們需要更多人來拯救世界。你要加入我們嗎？以下這張清單提到七月份，我們何時要去淨灘和種樹。如果你有時間，就在這幾天來到這些地方。我們感謝你善心的幫助。

　　7/1（星期日）在普普山種樹

7/7（星期六）清掃奈奈海灘

7/8（星期日）在拉拉山種樹

7/14（星期六）清掃拉芙海灘

7/15（星期日）在格林公園種樹

7/21（星期六）休息

7/22（星期日）在愛司山種樹

7/28（星期六）清掃瑞德海灘

7/29（星期日）休息

我們的工作從早上 8:30 到下午 5:00。

賴先生會給你你所需要的東西。

賴先生的手機號碼：0937700505

【註釋】

save〔sev〕*v.* 拯救　　clean〔klin〕*v.* 清理

plant〔plænt〕*v.* 種植　　list〔lɪst〕*n.* 清單

break〔brek〕*n.* 休息　　*take a break* 休息

18.（**A**）這篇文章目的是什麼？要告訴大家如何＿＿＿＿＿＿。

(A) 拯救世界。　　　　　(B) 旅行。

(C) 慶祝假日。　　　　　(D) 做朋友。

＊celebrate〔'sɛlə,bret〕*v.* 慶祝

19.（**A**）如果茱蒂想去淨灘，她何時可以加入他們？

(A) 7/7（星期六）。　　　(B) 7/8（星期日）。

(C) 7/21（星期六）。　　　(D) 7/22（星期日）。

（20～22）

> 　　暑假即將來臨。傑森非常興奮！他住在台灣，而他要去澳洲旅行，探望他哥哥，杰是交換學生。他非常想念哥哥，等不及要見到他。傑森自從十年前到香港旅行起，就一直使用他的手提行李箱，已經用十年了。他應該要買一個新的。有太多東西要買要打包，所以他寫了一張清單。這麼一來，他就不會錯過任何該帶該買的東西了。以下就是他的清單：
>
> | ◎ 手提行李箱 |
> | --- |
> | ◎ T恤、牛仔褲和太陽眼鏡 |
> | ◎ 照相機 |
> | ◎ 機票和 2,000 元 |
> | ◎ 地圖 |
> | ◎ 筆記本 |
> | ◎ 飛機上要讀的書（一本故事書或小說） |

【註釋】

vacation〔ve'keʃən〕*n.* 假期　　excited〔ɪk'saɪtɪd〕*adj.* 興奮的
take a trip 去旅行　　Australia〔ɔ'streljə〕*n.* 澳洲
exchange〔ɪks'tʃendʒ〕*n.* 交換　　miss〔mɪs〕*v.* 想念；錯過
can't wait to V 等不及要～　　suitcase〔'sut,kes〕*n.* 手提行李箱
pack〔pæk〕*v.* 打包　　list〔lɪst〕*n.* 清單
in this way 以這種方法；這麼一來
sunglasses〔'sʌn,glæsɪz〕*n. pl.* 太陽眼鏡
storybook〔'storɪ,buk〕*n.* 故事書　　novel〔'nɑvḷ〕*n.* 小說

20.（**D**）傑森不會帶什麼去旅行？

(A) 一副太陽眼鏡。　　　　(B) 一個手提行李箱。

(C) 一本筆記本。　　　　　(D) 一個 MP3 播放器。

* player〔'pleɚ〕*n.* 播放器

21. (**C**) 關於傑森的旅行我們知道什麼？

(A) 他將要搭公車去旅行。　(B) 他將要搭火車去旅行。

(C) 他將要搭飛機去旅行。　(D) 他將要自己開車。

* *on one's own* 獨自地

22. (**D**) 為什麼傑森要買一個新的手提行李箱？

(A) 他找不到他的行李箱。　(B) 他的行李箱太小了。

(C) 他的行李箱需要清洗了。　(D) 他的行李箱太舊了。

(23～26)

親愛的露西：

　　我聽羅伯特說，妳想向我借一些音樂 CD。沒問題。請告訴羅伯特妳喜歡哪些，我明天早上就請他帶去學校給妳。當然，如果妳可以透過信件，直接告訴我妳最喜歡的音樂和歌手，那就更好了。

　　羅伯特在課堂上守規矩嗎？他常常提到妳的名字，說妳是他班上最優秀的學生。幫我看著他——開玩笑而已。

　　妳的哥哥大衛，也是我班上最優秀的學生。我確信你們的父母一定非常以你們兩個為榮。

　　稍後再和妳說。

　　　　　　　　　　　　　　　　　　喬治

【註釋】

wish to V 想要做某事 (= *want to V*)
borrow〔'bɑro〕*v.* 借入　　***borrow sth. from sb.*** 向某人借某物
directly〔də'rɛktlɪ〕*adv.* 直接地
favorite〔'fevərɪt〕*adj.* 最喜歡的　　singer〔'sɪŋɚ〕*n.* 歌手
through〔θru〕*prep.* 透過　　mail〔mel〕*n.* 郵件；信件
behave〔bɪ'hev〕*v.* 行為；舉止　　***behave well*** 守規矩
mention〔'mɛnʃən〕*v.* 提到　　watch〔wɑtʃ〕*v.* 看著；注意
kid〔kɪd〕*v.* 開玩笑　　bet〔bɛt〕*v.* 打賭；確信
must〔mʌst〕*aux.* 一定【表示肯定的推測】
proud〔praʊd〕*adj.* 驕傲的　　***be proud of*** 引以為傲；以～為榮
later〔'letɚ〕*adv.* 較晚；稍後；後來

23.(**C**) 喬治正在寫什麼？

(A) 給大衛的信。　　　　(B) 給露西的邀請函。

(C) 給露西的信。　　　　(D) 向露西借東西的字條。

* invitation〔͵ɪnvə'teʃən〕*n.* 邀請函　　note〔not〕*n.* 紙條

24.(**A**) 誰是羅伯特？

(A) 他是喬治的弟弟。　　(B) 他是大衛的弟弟。

(C) 他是露西的哥哥。　　(D) 他是喬治的哥哥。

25.(**B**) 下列何者是不可能的？

(A) 露西和大衛是兄妹。　　(B) 喬治是羅伯特的弟弟。

(C) 露西和羅伯特是同班同學。

(D) 喬治和大衛是同班同學。

* classmate〔'klæs͵met〕*n.* 同班同學

26.(**D**) 下列何者不正確？

(A) 大衛和他的妹妹在校成績都很好。

(B) 喬治和露西都對音樂很有興趣。

(C) 喬治、大衛、露西和羅伯特彼此都認識。

(D) <u>喬治會把 CD 帶到露西的學校給她。</u>

* grade〔gred〕*n.* 成績　　***be interested in*** 對～有興趣
one another 彼此；互相

(27～29)

生活 & 食物

喝咖啡的好地方

撰寫：艾蜜莉・陳

如果你想有個舒適的下午，就來李白咖啡廳。李白在一棟舊的中式建築裡面。這裡非常特別，所以有很多客喜歡來這裡喝杯咖啡。這棟建築有一條河和楊柳樹環繞，裝飾著中式的圖畫。菜單也是用毛筆寫的。最重要的是，這裡的飲料和甜食都非常好吃。此外，李白的老闆很友善，喜歡和客人聊天。他也喜歡閱讀，所以他把他讀過的書都擺在店裡。這也使得這間店很有吸引力。下次你有空的時候，就來這裡享受一下美食和書本。

【註釋】

comfortable〔'kʌmfətəbl̩〕*adj.* 舒適的
building〔'bɪldɪŋ〕*n.* 建築物；大樓　　special〔'spɛʃəl〕*adj.* 特別的
visitor〔'vɪzɪtə〕*n.* 訪客　　***stop by*** 順道拜訪
river〔'rɪvə〕*n.* 河流　　willow〔'wɪlo〕*n.* 柳樹
decorate〔'dɛkə,ret〕*v.* 裝飾　　picture〔'pɪktʃə〕*n.* 圖畫
menu〔'mɛnju〕*n.* 菜單　　brush〔brʌʃ〕*n.* 刷子；畫筆
Chinese writing brush 毛筆　　***most of all*** 最重要的是
what's more 此外　　owner〔'onə〕*n.* 老闆

chat〔tʃæt〕*v.* 聊天　　attractive〔ə'træktɪv〕*adj.* 吸引人的
next time + 子句　下次…的時候

27. (**D**) 這篇文章最有可能張貼在哪裡？

　　　　(A) 在歷史書裡。　　　　　　(B) 在學校的公告上。
　　　　(C) 在科學書裡。　　　　　　(D) <u>在旅遊雜誌裡。</u>

　　　* article〔'ɑrtɪkḷ〕*n.* 文章　　likely〔'laɪklɪ〕*adj.* 可能的
　　　be likely to V 可能　　post〔post〕*v.* 張貼
　　　history〔'hɪstrɪ〕*n.* 歷史　　notice〔'notɪs〕*n.* 通知；公告
　　　sceince〔'saɪəns〕*n.* 科學

28. (**A**) 李白是什麼？

　　　　(A) <u>一家特別的咖啡廳。</u>　　(B) 一家茶館。
　　　　(C) 一家中式餐廳。　　　　　　(D) 一家特別的書店。

29. (**C**) "This" 指的是什麼？

　　　　(A) 老闆喜歡聊天。　　　　　　(B) 老闆喜歡閱讀。
　　　　(C) <u>老闆把他的書擺在餐廳裡。</u>　(D) 菜單是由毛筆寫的。

（30～31）

劑量說明
感冒藥

◎ 12 歲及 12 歲以上的病人一天服藥四次。

◎ 12 歲以下的孩童，請詢問醫生的建議。

◎ 絕不要在餐前服藥。

◎ 此藥不可放在陽光下。涼爽的地方最適合保存。

◎ 如果有任何問題，請打 (675) 768-9876-9807。

【註釋】

dosage〔'dosɪdʒ〕*n.* 藥劑量　　instruction〔ɪn'strʌkʃən〕*n.* 說明

medicine〔'mɛdəsn̩〕*n.* 藥　　cold〔kold〕*n.* 感冒

patient〔'peʃənt〕*n.* 病人　　***take the medicine*** 吃藥

time〔taɪm〕*n.* 次數　　advice〔əd'vaɪs〕*n.* 勸告；建議

cool〔kul〕*adj.* 涼爽的　　preservation〔ˌprɛzɚ'veʃən〕*n.* 保存

30. (**C**) 一位 15 歲的病人多久要服藥一次？

　　(A) 每八小時一次。　　　　(B) 每六小時兩次。

　　(C) 每六小時一次。　　　　(D) 詢問醫生。

　　* ***how often*** 多久一次【問頻率】

　　　once〔wʌns〕*adv.* 一次　　twice〔twaɪs〕*adv.* 兩次

31. (**C**) 根據這些說明，何者正確？

　　(A) 在晚餐之前，你可以先服藥。

　　(B) 絕對不要在上床睡覺之前服藥。

　　(C) 你應該要把藥一直放在涼爽的地方。

　　(D) 服用此藥可治療你的頭痛。

　　* cure〔kjur〕*v.* 治療　　headache〔'hɛdˌek〕*n.* 頭痛

(32～34)

> 喬瑟夫下班回到家，發現電話答錄機有四則留言。以下就是：
>
>> 嘿，喬，我是湯姆。這個星期五，不要忘記把我上次借你
>> 的那條 BK 領帶帶來。領帶是海軍藍色的，正面和背面都
>> 是小圓點。我確定你知道我在講的是哪一條領帶。所以週
>> 五見。拜拜。

喬瑟夫・崔比雅尼先生，這裡是銀杯俱樂部來電。上週您來申請我們俱樂部的會員，在發給您會員卡之前，我們仍然需要幾樣東西。第一是您的身分證影本。第二是兩張護照大小的照片。照片不可以和身分證上的相同。最後，還有申請費 500 元。謝謝您選擇銀杯俱樂部。祝您有個愉快的一天。

喬伊，你為什麼沒有回我的電話？我今天打了 11 通電話給我！你的手機壞掉了嗎？回電給我。

親愛的，你還沒到家嗎？嗯，南非是個很棒的地方。我玩得太愉快，不想回來了。哈！哈！我的班機號碼是 AK 55，抵達時間是明天晚上 8:20。所以，我們機場見囉。愛你！

【註釋】

message〔ˈmɛsɪdʒ〕n. 留言　　*answering machine* 電話答錄機
necktie〔ˈnɛk͵taɪ〕n. 領帶　　lend〔lɛnd〕v. 借出
navy〔ˈnevɪ〕n. 海軍　　*navy blue* 海軍藍色　　dot〔dɑt〕n. 小點
all over 到處；遍布　　front〔frʌnt〕n. 前面；正面
talk about 談論　　silver〔ˈsɪlvɚ〕adj. 銀色的
club〔klʌb〕n. 俱樂部　　apply〔əˈplaɪ〕v. 申請 *<for>*
membership〔ˈmɛmbɚ͵ʃɪp〕n. 會員資格　　*membership card* 會員卡
copy〔ˈkɑpɪ〕n. 影印本　　ID n. 身分（= *identity*）
ID card 身分證　　passport〔ˈpæs͵port〕n. 護照
size〔saɪz〕n. 大小　　photo〔ˈfoto〕n. 照片
must not V 不可以【表禁止】　　application〔͵æpləˈkeʃən〕n. 申請
fee〔fi〕n. 費用　　return〔rɪˈtɝn〕v. 回覆　　*cell phone* 手機
order〔ˈɔrdɚ〕n. 正常狀態；常態　　*out of order* 故障

call back 回覆電話；回電   honey〔'hʌnɪ〕*n.* 蜂蜜；親愛的
South Africa 南非   wonderful〔'wʌndəfəl〕*adj.* 很棒的
have fun 玩得很愉快   flight〔flaɪt〕*n.* 班機
arrival〔ə'raɪvl〕*n.* 到達   airport〔'ɛr,port〕*n.* 機場

32.(**D**) 那條領帶看起來像哪一條？

(A) 　(B)　(C)　(D)

33.(**C**) 喬瑟夫要申請銀杯俱樂部的會員，應該給他們什麼？

　　(A) 他的身分證正本。　　(B) 他身分證上的照片。

　　(C) 申請費 500 元。　　(D) 他的申請表。

　　* form〔fɔrm〕*n.* 表格

34.(**D**) 哪一個敘述錯誤？

　　(A) 喬瑟夫和湯姆週五要碰面。

　　(B) 喬瑟夫的姓氏是崔比雅尼。

　　(C) 喬瑟夫的太太在南非玩得很愉快。

　　(D) 喬瑟夫的電話答錄機壞掉了。

　　* statement〔'stetmənt〕*n.* 敘述　　*family name* 姓氏

(35～38)

　　攀岩變得越來越受歡迎了，特別是住在大都市的人們，他
　　　　　　35
們想要有更加刺激的體驗。

　　人們多年以來一直對攀岩很感興趣。然而，並非每個人都
　　　　　　　　　　　　　　　　　　　　　　36
有機會，花時間到真正的岩石上攀爬。他們只能享受一下室內
的人造懸崖。只有一些人能夠、也願意到自然世界中體驗真正

的懸崖。他們使用纜繩，頂端有釘子，可以固定住他們的位置，並且綁緊自己的身體。他們也在手上使用白色的粉末來攀爬。這些粉末會<u>留在岩石上到處都是</u>。他們的所作所為不只污染了
　　　　　　　　 37
懸崖，也破壞了自然之美。當他們想要<u>挑戰真正的懸崖</u>時，這真是一個他們要好好想想的問題。
　　　　　　　　　　　　　　　 38

【註釋】

rock〔rɑk〕*n.* 岩石　　***rock-climbing*** 攀岩
especially〔ə'spɛʃəlɪ〕*adv.* 特別地
exciting〔ɪk'saɪtɪŋ〕*adj.* 刺激的
experience〔ɪk'spɪrɪəns〕*v.* 體驗
interest〔'ɪntrɪst〕*v.* 使感興趣　　*n.* 興趣
chance〔tʃæns〕*n.* 機會　　cliff〔klɪf〕*n.* 懸崖
imitation〔͵ɪmə'teʃən〕*adj.* 仿造的；人造的
indoors〔'ɪn'dorz〕*adv.* 在室內　　natural〔'nætʃərəl〕*adj.* 自然的
cable〔'kebļ〕*n.* 纜繩　　nail〔nel〕*n.* 釘子　　top〔tɑp〕*n.* 頂端
fix〔fɪks〕*v.* 固定　　position〔pə'zɪʃən〕*n.* 位置
fasten〔'fæsn̩〕*v.* 繫緊　　powder〔'paʊdɚ〕*n.* 粉末
not only A but also B 不只A而且B　　pollute〔pə'lut〕*v.* 污染
damage〔'dæmɪdʒ〕*v.* 損害；破壞　　beauty〔'bjutɪ〕*n.* 美
nature〔'netʃɚ〕*n.* 自然　　***think about*** 想一想；考慮

35.（**D**）依句意，攀岩「越來越」受歡迎，選 (D) ***more and more***。
　　　(A) less and less「越來越不~」、(B) more or less「或多或少」、
　　　(C) much less「更不用說 (用於否定)」，句意均不合。

36.（**C**）依句意，「並非每個人」都有機會，選 (C) ***not everyone***，為部分
　　　否定的用法，而且是單數，所以後面用單數動詞 has。
　　　(A) almost all「幾乎所有」、(B) most of them「他們大多數」、
　　　(D) both of the two「他們兩個都是」，句意均不合，而且均為
　　　複數，文法也不合。

37. (**A**)　(A) 留在岩石上到處都是　　　　(B) 對岩石有益

　　　　　(C) 有助於清潔岩石　　　　　　(D) 給予岩石營養

　　　　　　* leave〔liv〕v. 遺留；留下　　　***do good to***　對~有益
　　　　　　nutrition〔nju'trɪʃən〕n. 營養

38. (**C**)　(A) 攀爬人造懸崖　　　　　　　(B) 把雙手清理乾淨

　　　　　(C) 挑戰眞正的懸崖　　　　　　(D) 對纜繩表現出濃厚的興趣

　　　　　　* challenge〔'tʃælɪndʒ〕v. 挑戰

(39~41)

麥克：妳的寒假是怎麼度過的？

艾拉：我去了太空博物館。我在那裡得到很多知識。

麥克：妳學到了什麼？

艾拉：住在太空非常困難，因爲和住在地球上大不相同。
　　　　　　　　　　　　　　　　　39

麥克：有什麼不同？

艾拉：在太空中，所有東西都是無重力狀態。如果你掉了東
　　　西，它會飄浮在空中，而不會掉在地上。那就是爲什麼
　　　太空人睡覺時，必須被綁在地上，以防止自己飄來飄
　　　　　　　　　　　　　　　　　　　　　40
　　　去。

麥克：那吃東西呢？他們怎麼吃東西？我想他們不可能坐在
　　　餐桌前共進餐點吧。

艾拉：沒錯。食物必須先乾燥處理，才容易儲存攜帶。食物被
　　　裝在小包裡。當他們肚子餓了，就可以拿出一包，隨時
　　　隨地都可以吃。

麥克：那一點都不方便。

> 艾拉：然而，如果沒有他們來做這個<u>困難但重要的</u>工作，我們
> ．．．．．．．．．．．．．．．．．．．．．．．．．．41
> 就無法學到這麼多關於太空的有趣之事了。

【註釋】

spend〔spɛnd〕*v.* 花費；度過 space〔spes〕*n.* 太空
museum〔mju'ziəm〕*n.* 博物館 knowledge〔'nɑlɪdʒ〕*n.* 知識
hard〔hɑrd〕*adj.* 困難的 difference〔'dɪfərəns〕*n.* 不同；差異
weightless〔'wetlɪs〕*adj.* 無重力的 drop〔drɑp〕*v.* 掉落
float〔flot〕*v.* 飄浮 *in the air* 在空中 floor〔flor〕*n.* 地面
astronaut〔'æstrə,nɔt〕*n.* 太空人 tie〔taɪ〕*v.* 捆；綁；縛
What about…? …如何？；…呢？（= *How about…?*）【表建議或是
　詢問某人、某事物的情形】 share〔ʃɛr〕*v.* 分享；共享
meal〔mil〕*n.* 餐點 *dining table* 餐桌 dry〔draɪ〕*v.* 使乾燥
store〔stor〕*v.* 儲存 carry〔'kærɪ〕*v.* 攜帶
pack〔pæk〕*v.* 裝入；包裝 hungry〔'hʌŋgrɪ〕*adj.* 飢餓的
take out 拿出 anytime〔'ɛnɪ,taɪm〕*adv.* 任何時間
anyplace〔'ɛnɪ,ples〕*adv.* 任何地方（= *anywhere*）
convenient〔kən'vinjənt〕*adj.* 方便的
but for N 如果沒有～ *be able to V* 能夠做某事

39. (**A**) (A) <u>因爲和住在地球上大不相同</u>
　　　 (B) 如果我們有足夠的時間可以列個清單
　　　 (C) 唯有當你有機會搭飛機的時候
　　　 (D) 在你通過考試之前

40. (**B**) (A) fool around 鬼混；無所事事；遊手好閒
　　　 (B) *float around* 飄來飄去
　　　 (C) look around 到處看；環顧四周
　　　 (D) walk around 走來走去

41. (**C**) (A) 刺激又有趣的 (B) 很棒但無聊的
　　　 (C) <u>困難但重要的</u> (D) 驚人但好笑的

聽力測驗（第 1-21 題，共 21 題）

第一部分：辨識句意（第 1-3 題，共 3 題）

1. (**B**) (A)　　　　　(B)　　　　　(C)

Nancy has to get up at six fifty-five.

南茜必須在六點五十五分起床。

* ***get up*** 起床

2. (**A**) (A)　　　　　(B)　　　　　(C)

Judy is playing table tennis.　茱蒂正在打桌球。

* ***table tennis*** 桌球

3. (**B**) (A)　　　　　(B)　　　　　(C)

My brother picks up the candy bar and eats it.

我弟弟把糖果棒拿起來吃掉。

* ***pick up*** 拿起　　***candy bar*** 糖果棒

第二部分：基本問答（第 4-10 題，共 7 題）

4. (**A**) Hi, Mary. You look happy. 嗨，瑪麗，妳看起來很開心。

    (A) Oh, yes. I have some amazing news.
        是啊。我有天大的好消息。

    (B) Oh, yes. I have a lot of homework.
        是啊。我有好多作業。

    (C) Oh, yes. What happened? 是啊。發生了什麼事？

    * amazing〔ə'mezɪŋ〕*adj.* 極好的

5. (**B**) Why didn't you call me? 你爲什麼沒打電話給我？

    (A) Let's call it a day. 我們今天到此爲止。

    (B) I tried to call you, but my cell phone died.
        我試著想打給你，但我的手機沒電了。

    (C) I'll call back later. 我晚點再打回去。。

    * ***call it a day*** 今天到此爲止　　later〔'letɚ〕*adv.* 後來

6. (**C**) What is worrying Susan? 什麼事情使蘇珊煩惱？

    (A) She is very down. 她非常消沈。

    (B) She is wearing a big smile. 她帶著大大的微笑。

    (C) She doesn't know how to tell her parents about her
        grades. 她不知道如何告訴她父母她的成績。

    * worry〔'wɝɪ〕*v.* 使煩惱；使擔憂
      down〔daʊn〕*adj.* 沮喪的；消沈的　　grade〔gred〕*n.* 成績

7. (**C**) You're an hour late. What happened to you?
    你遲到了一小時。發生了什麼事情？

    (A) I was so worried. 我好擔心。

    (B) You slept too much. 你睡太多了。

    (C) My car broke down. 我的車故障了。

    * ***break down*** 故障

8. (**B**) I think she's the best singer on TV.

我認爲她是電視上唱得最好的。

(A) Neither am I. 我也不。

(B) I agree with you. <u>我同意你的看法。</u>

(C) Nothing much. 沒什麼。

9. (**B**) Someone stole my bike last night.

昨晚有人偷了我的腳踏車。

(A) Oh, that's great. You can get a new one.

噢，太棒了。你可以買一台新車。

(B) Oh, that's too bad. Sorry to hear it.

<u>噢，太糟糕了。聽到此事深感遺憾。</u>

(C) Oh, there you are. 噢，你要的東西拿去。

* ***there you are*** 拿去；你要的東西在這裡

10. (**A**) Where can I wash my hands? 我可以到哪裡洗洗手？

(A) Over there. <u>那裡。</u>

(B) Walk two blocks, and turn right.

走兩條街的距離，然後向右轉。

(C) What for? 爲什麼？

* **block** 〔blɑk〕 *n.* 街區

第三部分：言談理解（第 11-21 題，共 11 題）

11. (**B**) W：Oh, hi, Paul. When did you start working here?

女：噢，嗨，保羅。你何時開始在這裡工作的？

M：It's my first day here. My brother Ray is starting cooking school soon, so I took his place.

男：這是我在這裡的第一天。我哥哥雷伊很快要開始上烹飪學校了，所以我代替他。

W：That's great, Paul. Congratulations!

女：太棒了，保羅。恭喜！

M : Thanks.

男：謝謝。

Question : Why is Paul working at the café?

保羅為什麼在這家咖啡廳工作？

(A) He really enjoys working with others.

他非常喜歡和別人一起工作。

(B) He is taking his brother's place. 他來代替他哥哥。

(C) He likes cooking at the café. 他喜歡在咖啡廳裡掌廚。

take** one's **place 代替某人

congratulation〔kən,grætʃə'leʃən〕*n.* 恭喜

12. (**B**) W : You must be excited about your trip.

女：你一定對這次旅行感到很興奮。

M : Well, actually, it just got canceled.

男：嗯，事實上，旅行剛被取消了。

W : Oh, no way. That's too bad.

女：噢，不會吧。太可惜了。

Question : How does the man feel at the end of the

dialogue? 對話結束時，這位男士感覺如何？

(A) Excited. 很興奮。

(B) Sad. 很難過。

(C) Hungry. 肚子很餓。

* must〔mʌst〕*aux.* 一定【對肯定事情的推測】

actually〔'æktʃuəlɪ〕*adv.* 實際上　　cancel〔'kænsḷ〕*v.* 取消

end〔ɛnd〕*n.* 結束　　dialogue〔'daɪə,lɔg〕*n.* 對話

13. (**B**) Why do boys always go for the pretty girls? They have

to have blonde hair and blue eyes! But what about the

girls with dark hair and green eyes? Aren't they pretty

too? Boys always go for the pretty girls. They want to

look popular with those girls and be considered cool.
What about us smart girls?

男孩為什麼總是喜歡漂亮的女孩呢？漂亮女孩就必須要有金髮藍
眼睛！那黑髮綠眼睛的女孩呢？她們不是也很漂亮嗎？男孩總是
喜歡漂亮的女孩，他們想要看來很受這些女孩歡迎，被認為很
酷。那我們聰明的女孩呢？

Question：Who is the speaker? 說話者是誰？

(A) A teenaged boy. 一位十幾歲的男孩。

(B) A teenaged girl. 一位十幾歲的女孩。

(C) A married woman. 一位已婚婦女。

* **go for** 喜歡　　pretty ('prItI) adj. 漂亮的
blonde (bland) adj. 金髮的　　consider (kən'sIdə) v. 認為
smart (smart) adj. 聰明的
teenaged ('tin,edʒd) adj. 十幾歲的 (= teenage)
married ('mærId) adj. 已婚的

14. (**C**) W：What's your hobby?
女：你的嗜好是什麼？

M：I like to collect not only spoons but also bookmarks.
男：我喜歡收集，不只是湯匙還有書籤。

W：That's special. Then you must like traveling and
reading, right?
女：真是特別。那你一定喜歡旅行和閱讀，對嗎？

M：You got it.
男：妳說對了。

Question：What does the man collect?
這位男士收集什麼？

(A) Watches and clocks. 手錶和鐘。

(B) Traveling and reading. 旅行和閱讀。

(C) Spoons and bookmarks. 湯匙和書籤。

* hobby ('habI) n. 嗜好　　collect (lə'lɛkt) v. 收集

not only A but also B 不只 A 還有 B　　spoon〔spun〕*n.* 湯匙
bookmark〔'buk,mɑrk〕*n.* 書籤

15. (**C**) W：Where are your classmates?

　　　　女：你的同學在哪裡？

　　　　M：Some are in the restaurant, and some are in the
　　　　　　museum with Miss Wang.

　　　　男：有些人在餐廳，有些人和王老師在博物館。

　　　　Question：Where's Miss Wang? 王老師在哪裡？

　　　　(A) In the restaurant. 在餐廳。

　　　　(B) At school. 在學校。

　　　　(C) In the museum. 在博物館。

16. (**A**) M：When do your parents go jogging every day?

　　　　男：妳的爸媽每天什麼時間去慢跑？

　　　　W：Usually they go jogging after dinner. When it is
　　　　　　Sunday, they do it in the afternoon.

　　　　女：他們通常晚餐後去慢跑，週日則是下午去。

　　　　Question：When do the woman's parents go jogging on
　　　　　　　　　Sunday? 這位女士的爸媽週日什麼時間去慢跑？

　　　　(A) 3:30 p.m. 下午 3:30。

　　　　(B) 11:00 a.m. 上午 11 點。

　　　　(C) 8:50 p.m. 下午 8:50。

17. (**C**) M：Why are you sitting here? Did you lose your keys
　　　　　　again?

　　　　男：妳為什麼坐在這兒？妳又把鑰匙弄丟了嗎？

　　　　W：No. I locked myself out.

　　　　女：沒有。我把自己鎖在外面進不去了。

　　　　Question：Where is this conversation probably taking
　　　　　　　　　place? 這段對話可能發生在哪裡？

(A) In a school lobby. 學校大廳裡。

(B) Outside an elevator. 電梯外面。

(C) Outside on a doorstep. <u>大門外門階上。</u>

* ***lock*** *oneself* ***out*** （因沒有鑰匙）鎖在外面進不去

 lobby〔ˋlɑbɪ〕*n.* 大廳 elevator〔ˋɛlə͵vetɚ〕*n.* 電梯

 doorstep〔ˋdor͵stɛp〕*n.* 門階

18. (**A**) M : Do you know the movie *Lucky Umbrellas*?

  男：妳知道「幸運之傘」這部電影嗎？

  W : Sure. Julia is the leading act ress, right?

  女：當然囉。茱莉亞是女主角，對吧？

  M : That's right. Have you seen it yet?

  男：沒錯。妳看過這部片了嗎？

  W : No, I haven't. But I have seen some of Julia's other movies.

  女：不，還沒。不過我看過一些茱莉亞的其他電影。

  M : Wow. How long has Julia been an actress?

  男：哇。茱莉亞當演員多久了？

  W : For only three years.

  女：僅僅三年。

  M : I like her, too. My parents promised to watch *Lucky Umbrellas* with me this weekend.

  男：我也喜歡她。我爸媽答應，這個週末和我一起去看「幸運之傘」。

  W : I hope you enjoy it.

  女：希望你會喜歡。

  Question : Which statement is TRUE? 何者正確？

  (A) The boy is also interested in the actress, Julia.

   <u>這個男孩也對茱莉亞這位女演員有興趣。</u>

  (B) The girl has never seen any of Julia's other movies.

   這個女孩從來沒有看過茉莉雅的其他電影。

(C) Julia has been an actress for over three years.
茱莉亞當演員已經超過三年了。

* leading〔'lidɪŋ〕*adj.* 主要的　　actress〔'æktrɪs〕*n.* 女演員
leading actress 女主角　　promise〔'prɑmɪs〕*v.* 承諾；答應

19. (**C**) M：I'm twenty, so I'm a mouse. What's your Chinese
zodiac sign?
男：我 20 歲，我屬老鼠。妳是什麼生肖的？
W：Jack, we are the same age, so we have the same sign.
女：傑克，我們同年紀，所以生肖相同。
M：Wow, my grandmother and mother are also "mice."
You can join our mouse family.
男：哇，我奶奶和媽媽也屬老鼠。妳可以加入我們的老鼠家族。
Question：How old may Jack's grandmother be?
傑克的奶奶可能是幾歲？
(A) Twenty. 20 歲。
(B) Forty-four. 44 歲。
(C) Sixty-eight. 68 歲。

* zodiac〔'zodɪ,æk〕*n.* 黃道十二宮　　**zodiac sign** 星座
Chinese zodiac sign 中國的生肖

20. (**C**) W：The boy who is talking to Emily looks angry.
女：正在和愛蜜莉說話的那個男生看起來很生氣。
M：That's Emily's boyfriend.
男：那是愛蜜莉的男朋友。
W：See? He pushed Emily aside and went away. Now,
Emily is alone and she appears sad. Let's go talk to
her and cheer her up.
女：你看到了嗎？他把愛蜜莉推開就走掉了。現在愛蜜莉獨自
一人似乎很難過。我們去和她說說話，鼓勵她一下吧。
Question：What are they going to do? 他們將要做什麼？

(A) They're going to fight with Emily's boyfriend.
他們要去和愛蜜莉的男朋友打架。

(B) They're going to follow Emily. 他們要跟著愛蜜莉。

(C) They're going to cheer Emily up. 他們要去鼓勵愛蜜莉。

* ***push aside*** 推開　　alone〔 ə'lon 〕*adj.* 獨自的；單獨的
appear〔 ə'pɪr 〕*v.* 似乎；看起來　　***cheer sb. up*** 鼓勵；使振作

21. (**C**) This job is about sharing knowledge. You must care about education. Many young people will benefit from what you can teach them. In order to do this job, you must also be educated. It's not an easy job. It requires a lot of patience. But the rewards are very high. You will get a lot of personal satisfaction out of helping shape young minds.

這個工作與分享知識有關。你必須很在乎教育。許多年輕人會因爲你教導他們的事情而獲益。爲了要做這個工作，你也必須受到良好教育。這不是份簡單的工作，需要很多耐心，但是回報非常高。幫助塑造年輕心靈，從中你會得到很多個人的滿足感。

Question：What job is the speaker most likely describing?
說話者在描述的最有可能是什麼工作？

(A) A doctor. 醫生。

(B) A policeman. 警察。

(C) A college professor. 大學教授。

* share〔 ʃɛr 〕*v.* 分享　　***care about*** 在乎；在意
education〔͵ɛdʒə'keʃən 〕*n.* 教育　　benefit〔'bɛnəfɪt 〕*v.* 獲益
educated〔'ɛdʒə͵ketɪd 〕*adj.* 受過教育的；有教養的
require〔 rɪ'kwaɪr 〕*v.* 需要　　patience〔'peʃəns 〕*n.* 耐心
reward〔 rɪ'wɔrd 〕*n.* 回報　　personal〔'pɝsn̩l 〕*adj.* 個人的
satisfaction〔͵sætɪs'fækʃən 〕*n.* 滿足　　shape〔 ʃep 〕*v.* 塑造
describe〔 dɪ'skraɪb 〕*v.* 描述　　professor〔 prə'fɛsɚ 〕*n.* 教授

TEST 5　詳解

閱讀測驗（第 1-41 題，共 41 題）

第一部分：單題（第 1-15 題，共 15 題）

1. (**C**) 請看此圖。你會看到什麼？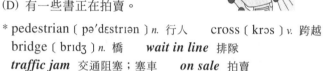

    (A) 有一些行人正在過橋。

    (B) 有一些小孩正在排隊。

    (C) 有一些車子陷在車陣中。

    (D) 有一些書正在拍賣。

    * pedestrian〔pə'dɛstrɪən〕*n.* 行人　　cross〔krɔs〕*v.* 跨越
    bridge〔brɪdʒ〕*n.* 橋　　***wait in line*** 排隊
    traffic jam 交通阻塞；塞車　　***on sale*** 拍賣

2. (**A**) 你好懶惰啊！你從來沒有準時交回家作業。你應該更努力一些。

    (A) ***lazy***〔'lezɪ〕*adj.* 懶惰的

    (B) weak〔wik〕*adj.* 虛弱的

    (C) serious〔'sɪrɪəs〕*adj.* 認真的；嚴肅的

    (D) shy〔ʃaɪ〕*adj.* 害羞的

    * ***hand in*** 繳交　　homework〔'hom,wɜk〕*n.* 回家作業
    on time 準時地　　***hard-working*** *adj.* 努力的

3. (**A**) 喬許對我做的事，令我非常生氣。老實說，我不會給他第二次機
    會。

    to tell the truth「老實說」是不定詞片語，用來修飾整句話。

    * chance〔tʃæns〕*n.* 機會

4. (**C**) 愛莎：你表姊的職業是什麼？
    保羅：她是商店老闆，她在她的鞋店裡每天工作十二小時。

(A) mailman〔'mel͵mæn〕*n.* 郵差

(B) nurse〔nɝs〕*n.* 護士

(C) ***shopkeeper***〔'ʃɑp͵kipɚ〕*n.* 商店老闆（= *storekeeper*）

(D) waiter〔'wetɚ〕*n.* 服務生

* cousin〔'kʌzn̩〕*n.* 表姊

5.（**D**）我無法忍受被我不太熟的人<u>盯著看</u>，特別是在公共場合。

stand 之後要接動名詞作受詞，而且依句意要用被動語態，
故選 (D) ***being looked at***。

* stand〔stænd〕*v.* 忍受　　especially〔ə'spɛʃəlɪ〕*adv.* 特別地
public place 公共場合

6.（**B**）大部分女性都認為，她們<u>衣櫥</u>裡的衣服永遠不夠。那就是她們喜
歡經常去購物的原因。

(A) scarf〔skɑrf〕*n.* 圍巾

(B) ***closet***〔'klɑzɪt〕*n.* 衣櫥

(C) pillow〔'pɪlo〕*n.* 枕頭

(D) copyright〔'kɑpɪ͵raɪt〕*n.* 著作權

* clothes〔klo(ð)z〕*n. pl.* 衣服　　shop〔ʃɑp〕*v.* 購物
go shopping 去購物

7.（**B**）伊恩習慣把音樂開得很大聲，<u>導致</u>鄰居數次的抱怨。

(A) used to V　過去曾經～；過去常常～

(B) ***lead to***　導致；造成

(C) go back　回去

(D) travel with　和～一起旅行

* habit〔'hæbɪt〕*n.* 習慣　　play〔ple〕*v.* 播放
complaint〔kəm'plent〕*n.* 抱怨
neighbor〔'nebɚ〕*n.* 鄰居

8. (**B**) 商店老闆計算<u>錯誤</u>，給我太多零錢了。

      (A) object〔'abdʒɪkt〕 *n.* 物體

      (B) *error*〔'ɛrɚ〕 *n.* 錯誤   *make an error* 犯錯

      (C) alien〔'eljən〕 *n.* 外星人；外國人

      (D) attendant〔ə'tɛndənt〕 *n.* 服務員

      * owner〔'onɚ〕 *n.* 老闆

        calculation〔ˌkælkjə'leʃən〕 *n.* 計算

        change〔tʃendʒ〕 *n.* 零錢

9. (**A**) 媽媽：保羅起床了嗎？

      巴瑞：當然還沒有。沒有人能<u>叫醒他</u>。

      (A) *wake sb. up* 叫醒某人

      (B) give sb. up 放棄某人

      (C) make sb. up 幫某人化妝

      (D) check up 檢查；查看

      * *get up* 起床

10. (**D**) 他的志向之一<u>就是</u>成爲一位工程師。

      主詞 One of his ambitions 是單數，動詞也應用單數，故

      選 (D) *is*。

      * ambition〔æm'bɪʃən〕 *n.* 抱負；志向

        engineer〔ˌɛndʒə'nɪr〕 *n.* 工程師

11. (**C**) 你可以告訴我到哪裡買一個新<u>皮夾</u>嗎？我的昨晚在電影院遺失了。

      (A) drawer〔drɔr〕 *n.* 抽屜

      (B) hanger〔'hæŋɚ〕 *n.* 衣架

      (C) *wallet*〔'wɑlɪt〕 *n.* 皮夾

      (D) bulletin〔'bulətn̩〕 *n.* 佈告

      * theater〔'θiətɚ〕 *n.* 劇院；電影院

12.(**C**)　他要回家了，她<u>也是</u>。

　　　　表示肯定的「也」要用 SO，且用於倒裝句，並需要連接詞
　　　　連接，故選 (C) *and so*。

13.(**C**)　這些座位是<u>保留</u>給老人和殘障人士的。

　　　　(A) preserve〔 prɪˋzɝv 〕*v.* 保存；保護
　　　　(B) conserve〔 kənˋsɝv 〕*v.* 保存；保育；節省
　　　　(C) *reserve*〔 rɪˋzɝv 〕*v.* 預約；保留
　　　　(D) deserve〔 dɪˋzɝv 〕*v.* 應該得到

　　　　* seat〔 sit 〕*n.* 座位　　　*the old* 老人
　　　　　 disabled〔 dɪsˋebl̩d 〕*adj.* 殘障的　　*the disabled* 殘障者

14.(**B**)　如果我是你，我不會吃這麼糟糕的食物。

　　　　依句意「如果我是你」，但我永遠不可能是你，因此這個句子
　　　　用的是「與現在事實相反的假設語氣」，If 子句中 be 動詞用
　　　　were，主要子句要用「主詞＋would/could/should/might
　　　　＋原形動詞」，故選 (B) *would*。

　　　　* terrible〔ˋtɛrəbl̩ 〕*adj.* 糟糕的

15.(**A**)　我的兒子在游泳池救起了一個快要淹死的女孩，使我感到很<u>驕傲</u>。
　　　　這是個非常勇敢的行為。

　　　　(A) *proud*〔 praud 〕*adj.* 驕傲的；引以為傲的
　　　　(B) tired〔 taɪrd 〕*adj.* 疲倦的
　　　　(C) worried〔ˋwɝɪd 〕*adj.* 擔心的
　　　　(D) interest〔ˋɪntrɪst 〕*n.* 興趣　 *v.* 使感興趣

　　　　* save〔 sev 〕*v.* 解救　　drowning〔ˋdraunɪŋ 〕*adj.* 快要淹死的
　　　　　 pool〔 pul 〕*n.* 水池；游泳池　　truly〔ˋtrulɪ 〕*adv.* 真正地
　　　　　 brave〔 brev 〕*adj.* 勇敢的　　deed〔 did 〕*n.* 行為

第二部分：題組（第 16-41 題，共 26 題）

（16～17）

吉兒：

　　謝謝妳這個週末照顧巴弟。以下是一些妳需要知道的事
項：

1. 他一天吃兩餐，通常是早上六點和下午五點。

2. 早上請帶巴弟到公園去。晚上可以也請妳帶他到街上走一
走嗎？

3. 當妳出去時，不要忘記鎖門。嗯，我想就這些了。我真的
很感謝妳。下週二我回台灣時，會幫妳帶禮物的。

凱西

附註：這裡有五百元買巴弟的食物。

【註釋】

take care of 照顧　　weekend ('wik'ɛnd) *n.* 週末
meal (mil) *n.* 一餐　　block (blɑk) *n.* 街區
lock (lɑk) *v.* 鎖上　　appreciate (ə'priʃɪ,et) *v.* 感激

16. (**A**) 從本文我們知道什麼？

(A) 凱西非常關心她的狗。　　(B) 凱西把她的狗賣給吉兒。

(C) 凱西一個月不在家。　　(D) 凱西借給吉兒很多錢。

* reading ('ridɪŋ) *n.* 選文　　*care about* 在意；關心
lend (lɛnd) *v.* 借出；借給

17. (**B**) 這封信的主要目的為何？

  (A) 謝謝吉兒的幫助。   (B) <u>告訴吉兒該做什麼。</u>

  (C) 告訴吉兒該吃什麼。   (D) 謝謝吉兒的禮物。

  * main〔men〕*adj.* 主要的 purpose〔'pɝpəs〕*n.* 目的

（18～21）

愛咪的日記

             1 月 12 日星期一

  今天早上非常冷。我醒來看著手錶，時間是 7 點 20 分。我想我還有 20 分鐘，可以趕上校車，時間很足夠。但是，當我到達公車站牌時，那裡一個人都沒看見。所以我搭了市公車去學校。第一節課是英文，當我到達的時候，陳老師正在給大家考試。我匆忙趕進教室，只考了 50 分。在第一節課結束時，我才了解到我的手錶慢了 10 分鐘。

  第二節課是國文。我太匆忙了，所以沒帶課本到學校。王老師非常生氣，要我留在學校，抄寫今天早上她在課堂上教的課文。我一整天都覺得很難過。最糟的是，當我終於抄完國文課文時，就開始下起傾盆大雨來。令我驚訝的是，當我傷心地走在大雨裡時，媽媽來接我了。我終於得到了一絲甜意，這也讓我感覺到明天會更好。

【註釋】

diary〔'daɪərɪ〕*n.* 日記 ***wake up*** 醒來 catch〔kætʃ〕*v.* 趕上
hurry〔'hɝɪ〕*v.* 匆忙 point〔pɔɪnt〕*n.* 分數；得分
realize〔'rɪə,laɪz〕*v.* 了解 end〔ɛnd〕*v.* 結束

in a hurry 匆忙地　　textbook〔'tɛkst,bʊk〕*n.* 課本
copy〔'kɑpɪ〕*v.* 抄寫　　*all day long* 一整天
worst〔wɜst〕*adv.* 最糟地　　*worst of all* 最糟的是
rain cats and dogs 下傾盆大雨　　surprise〔sə'praɪz〕*n.* 驚訝
to sb.'s surprise 令某人驚訝的是　　sadly〔'sædlɪ〕*adv.* 傷心地
pick sb. up 接送某人　　sweetness〔'switnɪs〕*n.* 甜意

18. (**C**) 愛咪今天早上幾點起床？

　　(A) 7:10。　　(B) 7:20。　　(C) <u>7:30。</u>　　(D) 7:40。

　　* *get up* 起床

19. (**A**) 愛咪的校車是幾點來？

　　(A) <u>7:40。</u>　　(B) 7:30。　　(C) 7:10。　　(D) 7:20。

20. (**D**) 愛咪為什麼放學後還必須留在學校？

　　(A) 因為她遲到。　　　　(B) 因為她英文考試沒考好。

　　(C) 因為她沒有帶英文課本到校。

　　(D) <u>因為她沒有帶國文課本到校。</u>

　　* *after class* 下課後；放學後　　*do well on a test* 考試考得好

21. (**B**) 第二段裡劃底線的字 "it" 是什麼意思？

　　(A) 傾盆大雨。　　　　(B) <u>愛咪媽媽的甜意。</u>

　　(C) 王老師教完的課文。　　(D) 陳老師給的考試。

　　* underlined〔,ʌndə'laɪnd〕*adj.* 劃底線的
　　paragraph〔'pærə,græf〕*n.* 段落

（22~23）

　　珊蒂即將要去加拿大旅行。珊蒂的媽媽要求她事先做個計畫。所以，以下就是她 10 天旅行的計畫。

多倫多之旅

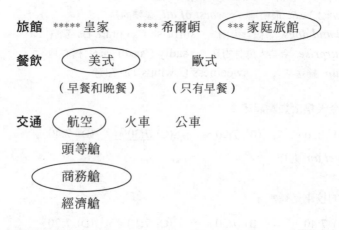

旅館　*****皇家　　****希爾頓　　***家庭旅館

餐飲　　美式　　　　　歐式

　　　　（早餐和晚餐）　（只有早餐）

交通　　航空　　火車　　公車

　　　　頭等艙

　　　　商務艙

　　　　經濟艙

活動

　　運動　　　　　　　旅行行程

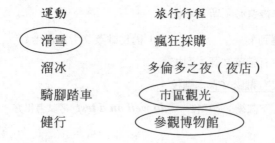

　　滑雪　　　　　　　瘋狂採購

　　溜冰　　　　　　　多倫多之夜（夜店）

　　騎腳踏車　　　　市區觀光

　　健行　　　　　　參觀博物館

【註釋】

Canada〔'kænədə〕n. 加拿大　　***make a plan*** 做計畫

in advance 事先　　tour〔tur〕n. 旅行

Toronto〔tə'rɑnto〕n. 多倫多　　royal〔'rɔɪəl〕adj. 皇家的

inn〔ɪn〕n. 旅館　　meal〔mil〕n. 餐點

continental〔͵kɑntə'nɛntḷ〕adj. 大陸的；歐洲大陸的；歐式的

transportation〔͵trænspə'teʃən〕n. 交通工具

first class 頭等艙　　***business class*** 商務艙

economy〔ɪ'kɑnəmɪ〕n. 經濟艙　　activity〔æk'tɪvətɪ〕n. 活動

sport〔sport〕n. 運動　　ski〔ski〕v. 滑雪

spree〔spri〕*n.* 狂歡　***shopping spree*** 瘋狂採購
skate〔sket〕*v.* 溜冰　　nightclub〔'naɪt,klʌb〕*n.* 夜總會；夜店
sightseeing〔'saɪt,siɪŋ〕*n.* 觀光　　hike〔haɪk〕*v.* 健行
museum〔mju'ziəm〕*n.* 博物館

22.(**C**) 珊蒂的加拿大之旅在什麼季節？

(A) 夏天。　　　　　　　(B) 秋天。

(C) 冬天。　　　　　　　(D) 我們不知道。

* season〔'sizn〕*n.* 季節

23.(**A**) 珊蒂在多倫多將會做什麼？

(A) 她會去市區觀光。　　(B) 她會去購物中心。

(C) 她會去上商務課程。　(D) 她會住五星級飯店。

* ***shopping mall*** 購物中心

(24~26)

布萊德・彼特

紐約州 11232 紐約市楓樹街 1240 號

學校

國王學院——英語學士	2001-2005
華盛頓高中	1997-2001

工作經歷

紐約時報——記者	08/2012 迄今
薩拉花園——業務員	12/2009-08/2012
綠湖滑雪學校——教練	07/2007-11/2009
約翰的家庭餐廳——服務生	08/2002-07/2007

ABC 市場——店員　　　　　　　　07/1999-08/2002

賽爾披薩屋——廚師　　　　　　　03/1999-06/1999

特殊技能

語言：英語、西班牙語和中文

【註釋】

maple〔'mepḷ〕*n.* 楓樹　　**B.A.** 文學士【源自 Bachelor of Arts】

bachelor〔'bætʃələ〕*n.* 學士　　reporter〔rɪ'portə〕*n.* 記者

garden〔'gɑrdṇ〕*n.* 花園　　salesman〔'selzmən〕*n.* 業務員

coach〔kotʃ〕*n.* 教練　　waiter〔'wetə〕*n.* 服務生

mart〔mɑrt〕*n.* 市場　　clerk〔klɝk〕*n.* 職員

cook〔kʊk〕*n.* 廚師　　special〔'spɛʃəl〕*adj.* 特殊的

skill〔skɪl〕*n.* 技能　　Spanish〔'spænɪʃ〕*n.* 西班牙語

24. (**B**) 布萊德現在在哪裡工作？

　　　　(A) 在餐廳。　　(B) 在報社。　　(C) 在學校。　　(D) 在書店。

25. (**A**) 布萊德有什麼特殊技能？

　　　　(A) 他會說西班牙文。　　　　(B) 他畫圖畫得很好。

　　　　(C) 他會煮很多菜。　　　　(D) 他會修理電腦。

　　　　* draw〔drɔ〕*v.* 畫圖　　dish〔dɪʃ〕*n.* 菜餚

26. (**D**) 有鑑於布萊德以前的工作經歷和特殊技能，何種工作他不會做？

　　　　(A) 賣各種產品。(B) 做披薩。　(C) 說英語。　　(D) 蓋房子。

　　　　* given〔'gɪvən〕*prep.* 因為有；有鑑於

　　　　　former〔'fɔrmə〕*adj.* 以前的　　task〔tæsk〕*n.* 工作

　　　　　perform〔pə'fɔrm〕*v.* 執行；做

　　　　　variety〔və'raɪətɪ〕*n.* 多種　　*a variety of* 各種的

　　　　　product〔'prɑdəkt〕*n.* 產品

(27 ~ 28)

（在晚上八點）

克里斯：噢，不！我們錯過公車了。

瑪　麗：耶…我們現在能做什麼？音樂會就要開始了。

克里斯：如果我們現在用跑的，可能就可以準時到那裡。

瑪　麗：認真的嗎？我們叫計程車如何？我寧願花錢，也不願搞得汗流浹背又全身發臭。

克里斯：嗯…是很貴，不過聽起來是個比較好的主意。

【註釋】

miss〔mɪs〕v. 錯過　　concert〔'kɑnsɝt〕n. 音樂會
be about to V 即將　　seriously〔'sɪrɪəslɪ〕adv. 認真地
What about…? …如何？【表建議】　　hail〔hel〕v. 呼喊；呼叫
hail a taxi 招計程車　　prefer〔prɪ'fɝ〕v. 比較喜歡；偏愛
prefer A to B 喜歡 A 勝過 B；寧願 A 而不願 B
sweaty〔'swɛtɪ〕adj. 汗流浹背的　　stinky〔'stɪŋkɪ〕adj. 發臭的
sound like N 聽起來像~

27. (**D**) 以上這段談話最有可能發生在哪裡？

(A) 在公車上。　　(B) 在演唱會。

(C) 在計程車裡。　　(D) <u>在公車站。</u>

* conversation〔,kɑnvɚ'seʃən〕n. 談話
above〔ə'bʌv〕adv. 在上面　　**be likely to V** 可能
take place 發生

28. (**C**) 這兩個人最後將會如何到達音樂會？

(A) 搭公車。　　(B) 步行。

(C) 搭計程車。　　　　　　(D) 以上皆非。

* eventually〔ɪˋvɛntʃʊəlɪ〕adv. 最後；終於

(29~31)

> 　　快樂是什麼？我認為完全沒有答案，也沒有人能夠給予真正的定義。快樂的定義<u>視情形而定</u>，因為每個人都不同。小孩可能會覺得，快樂就是糖果和棉花糖的王國。至於媽媽，她會說快樂就等同於孩子的安全。而對我而言，生活沒有憂慮就是我對快樂的定義。這聽起來很簡單，但事實上不是。想要真正擁有一個無憂無慮的生活，需要存錢、解決問題等。下次你有空的時候，試著想想你的快樂是什麼，然後就去追求快樂吧。

【註釋】

in my mind 我認為　　　define〔dɪˋfaɪn〕v. 下定義
candy〔ˋkændɪ〕n. 糖果　　marshmallow〔ˋmɑrʃˏmælo〕n. 棉花糖
kingdom〔ˋkɪŋdəm〕n. 王國　　*as for* 至於
equal〔ˋikwəl〕v. 等於；比得上　　safety〔ˋseftɪ〕n. 安全
worry〔ˋwɜɪ〕n. 憂慮　　definition〔ˏdɛfəˋnɪʃən〕n. 定義
sound〔saʊnd〕v. 聽起來　　save〔sev〕v. 節省；儲存
solve〔sɑlv〕v. 解決　　*and so on* 等等
worry-free adj. 無憂無慮的
next time + 子句　下次~的時候　　pursue〔pɚˋsu〕v. 追求

29. (**C**) 下列何者最適合填入空格？

(A) 喝飲料。　　　　　　(B) 說話。

(C) <u>視情形而定。</u>　　　　(D) 跳舞。

* blank〔blæŋk〕n. 空格
  depend〔dɪˋpɛnd〕v. 依賴；視情形而定

30. (**D**) 作者如何看待快樂？

　　(A) 快樂等同於擁有數百萬元。

　　(B) 他完全沒有意見。　　(C) 他覺得很難過。

　　(D) <u>他沒有給予快樂真正是什麼一個明確的定義。</u>

　　* author〔'ɔθɚ〕 *n.* 作者　　own〔on〕 *v.* 擁有
　　　opinion〔ə'pɪnjən〕 *n.* 意見
　　　clear〔klɪr〕 *adj.* 清楚的；明確的

31. (**A**) 人們對於快樂為什麼有不同的想法？

　　(A) <u>因為每個人都不同。</u>　　(B) 理由就是每個人都很快樂。

　　(C) 理由就在於他們的錢。　　(D) 因為每個人都是自由的。

　　* thought〔θɔt〕 *n.* 想法　　reason〔'rizn̩〕 *n.* 理由
　　　lie in 在於

(32～34)

> 　　「一萬小時」是一個 YouTube 上的系列影片，最近在網路上爆紅，主角是德溫・威廉斯，他是一位知名的籃球教練和影片編輯者。這個系列影片的開始其實是個意外。當時是王氏兄弟請德溫來訓練他們，那時候的他是一個普通人。隨著他們表現越來越好，節目越做越大，有越來越多人加入他們。現在，德溫甚至得到愛迪達的贊助，在中國訓練球員。即使這些球員都不是像小皇帝詹姆士，或是小飛俠科比布萊恩一樣的 NBA 球員，他們還是很有價值。如果你看了影片，你就會知道為什麼他們說：「如果你想要非常擅長某件事，你必須要投入一萬小時。」而且你一定會深感驚訝。德溫說：「沒有必要去找那些比你更努力的人了。他們就在這裡。」

【註釋】

series〔ˋsɪrɪz〕*n.* 系列　　feature〔ˋfitʃə〕*v.* 以～爲主角

well-known *adj.* 有名的　　trainer〔ˋtrenə〕*n.* 訓練師；教練

video〔ˋvɪdɪ‚o〕*n.* 影片　　editor〔ˋɛdɪtə〕*n.* 編輯

viral〔ˋvaɪrəl〕*adj.* 病毒的　　**go viral** 在網路上爆紅

recently〔ˋrisn̩tlɪ〕*adv.* 最近　　actually〔ˋæktʃʊəlɪ〕*adv.* 實際上

kick off 開始　　accident〔ˋæksədənt〕*n.* 意外

by accident 意外地　　ordinary〔ˋɔrdn̩‚ɛrɪ〕*adj.* 普通的

train〔tren〕*v.* 訓練　　program〔ˋprogræm〕*n.* 節目

join〔dʒɔɪn〕*v.* 加入　　support〔səˋport〕*v.* 支持

player〔ˋpleə〕*n.* 運動員；選手　　**even though** 即使

valuable〔ˋvæljəbl̩〕*adj.* 有價值的　　**check out** 查看

be great at 非常擅長　　**put in** 投入

be sure to V 一定；務必　　amazed〔əˋmezd〕*adj.* 深感驚訝的

there is no need to V 沒有必要做某事

32.（**A**）「一萬小時」是什麼？

　　(A) 發佈在 YouTube 上的一系列影片。

　　(B) 一個籃球訓練營。

　　(C) 中國的一個品牌。

　　(D) 一群非常努力的球員。

　　* post〔post〕*v.*（網路上）發佈（資訊）
　　　camp〔kæmp〕*n.* 營區　　brand〔brænd〕*n.* 品牌

33.（**C**）下列何者爲正確？

　　(A) 小皇帝詹姆士是和德溫・威廉斯一起訓練的球員之一。

　　(B) 德溫是中國人。

　　(C) 起初，沒有很多人和德溫・威廉斯一起訓練。

　　(D) 愛迪達製作了「一萬小時」系列。

　　* **at first** 起初

34. (**B**) 第二句中的 "kicked off" 類似下面哪一個意思？

    (A) 錯過一踢。   (B) <u>開始</u>

    (C) 粗心的   (D) 打籃球

    * similar〔'sɪmələ〕*adj.* 類似的   miss〔mɪs〕*v.* 錯過

    careless〔'kɛrlɪs〕*adj.* 粗心的；不小心的

(35～38)

>   鮑伯是個懶惰的孩子，他從來不曾幫忙做家事。有一
> 天，鮑伯的媽媽生病了。在鮑伯的爸爸出門上班之前，他
> 說：「鮑伯，在我回來之前，<u>要做完</u>所有的家事。你必須要
>   35
> 做！」鮑伯說：「沒問題。」但是，爸爸離開沒多久，他就
> <u>忘記爸爸說的話</u>了。
>   36
>
>   鮑伯整個下午都在<u>看電視</u>，直到五點鐘。然後鮑伯想
>   37
> 起爸爸說的話。「噢，不！爸爸再過半小時<u>就要回來</u>了。我
>   38
> 該怎麼辦？」鮑伯很想哭。

【註釋】

    lazy〔'lezɪ〕*adj.* 懶惰的   housework〔'haʊs,wɝk〕*n.* 家事

35. (**A**) 爸爸對鮑伯說的話是命令句，要用原形動詞開頭，選 (A) *finish*。

36. (**C**) 依句意，「爸爸說的話」要用 *what his father said*，選 (C)。

37. (**B**) spent「花費」以人為主詞，受詞可為時間或錢，受詞之後須
    接動名詞，故選 (B) *watching TV*。

38.（**B**）依句意，「爸爸再過半小時就要回來」，應是未來式，故選
（B）***will be***。

（39～41）

> 　　傑克搬回花蓮，在那裡<u>找到了</u>一個新工作，因為從
> 　　　　　　　　　　　39
> 一月 30 日以來，他的媽媽<u>一直在</u>生病。在農曆新年過
> 　　　　　　　　　　　　　　40
> 後，她胃痛很嚴重。看完醫生之後，他媽媽被告知要住
> 院，因為她的肝臟有點問題。雖然傑克在台北有一份
> 相當好的工作，他還是決定要回花蓮。有了更多的時間
> 可以照顧他媽媽，他希望他媽媽會很快<u>康復</u>。
> 　　　　　　　　　　　　　　　　　　41

【註釋】

move〔muv〕*v.* 搬家　　serious〔'sɪrɪəs〕*adj.* 嚴重的
stomachache〔'stʌmək‚ek〕*n.* 胃痛
stay〔ste〕*v.* 停留　　liver〔'lɪvɚ〕*n.* 肝臟
rather〔'ræðɚ〕*adv.* 相當地　　***take care of*** 照顧

39.（**B**）依句意，他「找到了」新工作，為過去式，故選 (B) ***found***。

40.（**C**）依句意，從一月三十日以來，她「一直在」生病，表示動作或狀態
　　　　 從過去某時一直持續到現在，要用現在完成式，選 (C) ***has been***。

41.（**C**）依句意，希望她會「很快康復」，為未來式，選 (C) ***will get***。

聽力測驗（第 1-21 題，共 21 題）

第一部分：辨識句意（第 1-3 題，共 3 題）

1. (**A**) (A)  (B)  (C)

The girl is doing exercise on the balcony.

這個女孩正在陽台上做運動。

* balcony〔ˋbælkənɪ〕*n.* 陽台

2. (**C**) (A)  (B)  (C)

Tom is new here, and he got lost.

湯姆對這裡不熟，他迷路了。

* new〔nju〕*adj.* 新的；不熟悉的　　***get lost*** 迷路

3. (**B**) (A)  (B)  (C)

It's a long way to drive from Taipei to Kaohsiung.　Let's
fly in a plane. 從台北開車到高雄太遠了。我們搭飛機吧。

第二部分：基本問答（第 4-10 題，共 7 題）

4. (**B**) How do you find living in Tainan? 你覺得住在台南如何？

    (A) Just like summer. 就像夏天一樣。

    (B) It was kind of strange at first, but I love it now.
        <u>起初有點陌生，但現在我很喜歡。</u>

    (C) Yes, no problem. 是的，沒問題。

    * find〔faɪnd〕*v.* 發現；覺得
    kind of 有一點　　*at first* 起初

5. (**C**) How was your day at school, Jacky?
    傑奇，你今天在學校過得如何？

    (A) Yes, today is a holiday. 是的，今天是假日。

    (B) Class dismissed. 下課。

    (C) What a long day today! I had three quizzes, but I did
        pretty well.
        <u>今天真是漫長！我有三個小考，不過我考得相當好。</u>

    * dismiss〔dɪsˈmɪs〕*v.* 解雇；解散　　quiz〔kwɪz〕*n.* 小考
    pretty〔ˈprɪtɪ〕*adv.* 相當地　　*do well* 考試考得好

6. (**B**) Hi, great party, isn't it? 嗨，派對很棒，不是嗎？

    (A) Yeah, it is a garden party. 是啊，這是個園遊會。

    (B) Yeah, John's parties are always the best.
        <u>是啊，約翰的派對總是最棒的。</u>

    (C) Yeah, we met six years ago. 是啊，我們六年前見過。

    * *garden party* 園遊會

7. (**C**) Did he say it was going to clear up Monday?
    他有沒有說星期一天氣會放晴？

    (A) I don't like rainy days. 我不喜歡下雨天。

(B) The forecast told me. 氣象預報告訴我的。

(C) No, he didn't.　But it probably will.

　　不，他沒有。但是大概會吧。。

* ***clear up*** 放晴　　forecast〔'for͵kæst〕*n.* 預報

8. (**A**) Who's the woman in the blue suit over there?

　　那邊那位穿著藍色套裝的女士是誰？

(A) Mary's relative. 瑪麗的親戚。

(B) Thanks.　I like your suit, too. 謝謝。我也喜歡你的套裝。

(C) Yes, she is. 是的，她是。

* suit〔sut〕*n.* 套裝　　relative〔'rɛlətɪv〕*n.* 親戚

9. (**B**) Did you listen to the live broadcast show yesterday?

　　你有收聽昨天的現場廣播節目嗎？

(A) I know.　Really awful. 我知道，非常糟。

(B) No, I missed it. 沒有，我錯過了。

(C) Yes, I am glad you like it. 是的，我很高興你喜歡。

* live〔laɪv〕*adj.* 現場的　　broadcast〔'brɔd͵kæst〕*adj.* 廣播的

　　awful〔'ɔful〕*adj.* 可怕的；糟糕的　　miss〔mɪs〕*v.* 錯過

10. (**A**) Your sister is really cute. 你的妹妹真可愛。

(A) Thank you. 謝謝。

(B) You're welcome. 不客氣。

(C) That's impossible. 那是不可能的。

* cute〔kjut〕*adj.* 可愛的

第三部分：言談理解（第 11-21 題，共 11 題）

11. (**A**) M：Hi, Jane.　Do you have a minute?

　　男：嗨，珍。妳有空嗎？

W：Hello, Sam. What can I do for you?

女：哈囉，山姆。我能為你做什麼？

M：I'm doing a ten-mile run for charity next month and I'm looking for partners.

男：我下個月要參加一個 10 哩的慈善路跑，我正在尋找同伴。

Question：What are they talking about?

他們正在討論什麼？

(A) A long distance run. <u>一個長距離的路跑活動。</u>

(B) A heavy rain. 一場豪雨。

(C) Run with smile. 帶著微笑跑步。

charity〔'tʃærətɪ〕*n.* 慈善　　***look for*** 尋找
partner〔'pɑrtnɚ〕*n.* 伙伴；同伴　　distance〔'dɪstəns〕*n.* 距離

12. (**A**) W：John says he is sick. He asked if he can go home now.

女：約翰說他不舒服，他要問他現在可不可以回家。

M：I don't know. Last time he lied to us so that he didn't have to clean the classroom.

男：我不知道。上次他騙我們，所以就不必打掃教室。

W：But I think this time he really feels bad. See? He looks weak, and his lips are pale.

女：不過我認為這次他真的很不舒服。你看見了嗎？他看起來很虛弱，而且嘴唇發白。

M：But I still don't believe him.

男：但我還是不相信他。

Question：Why DOESN'T the man believe John?

這位男士為什麼不相信約翰？

(A) John lied to him last time. <u>約翰上次對他說謊。</u>

(B) John looks too weak to be true.

約翰看起來太虛弱了，不可能是真的。

(C) John didn't clean the classroom. 約翰沒有打掃教室。

* lip〔lɪp〕*n.* 嘴唇　　pale〔pel〕*adj.* 蒼白的

13. (**C**) M：Let's watch a movie tonight. What would you like to see?

男：我們今晚去看電影吧。妳想看什麼？

W：Anything but a horror movie.

女：任何電影都可以，除了恐怖片之外。

M：What's wrong with horror movies?

男：恐怖片有什麼問題？

W：They're too violent. Let's watch a comedy instead.

女：太暴力了。我們改看喜劇吧。

Question：What does the woman think of horror movies?

這位女士認為恐怖片如何？

(A) They're too funny. 太好笑了。

(B) They're too cheap. 太便宜了。

(C) They're too violent. 太暴力了。

* ***anything but*** 除了～之外的任何東西
 horror〔'hɑrɚ〕*n.* 恐怖　　***horror moive*** 恐怖片
 violent〔'vaɪələnt〕*adj.* 暴力的　　comedy〔'kɑmədɪ〕*n.* 喜劇
 instead〔ɪn'stɛd〕*adv.* 作為代替　　funny〔'fʌnɪ〕*adj.* 好笑的

14. (**B**) M：Hey, give me a hand.

男：嘿，幫我一個忙。

W：What?

女：做什麼？

M：Tell Mr. Lin that I can't go to school tomorrow.

男：告訴林老師我明天無法去學校。

W：No problem, but why?

女：沒問題，但爲什麼？

M : I have a date with Helen. Please remember not to tell him the reason why I can't go. Just say I am sick.

男： 我和海倫有約會。請記得，不要告訴他我不能去的原因，只要說我生病了。

W : All right!

女： 好的！

Question : Why can't the man go to school tomorrow?

這位男士明天爲什麼不能去學校？

(A) He is sick. 他生病了。

(B) He will go out with Helen. 他要和海倫出去。

(C) He hates Mr. Lin. 他討厭林先生。

* *give sb. a hand* 幫助某人　　date〔det〕*n.* 約會

15. (**B**) M : Guess what? I met your ex-boyfriend yesterday.

男： 你猜猜看怎麼了？我昨天遇到妳的前男友。

W : Are you kidding me? Why? What happened?

女： 你在開我玩笑嗎？爲什麼？發生了什麼事？

M : Calm down, Julia. Don't you remember he has a new girlfriend?

男： 冷靜一點，茱莉亞。妳不記得他有了新的女朋友了嗎？

W : Yeah, but….

女： 是啊，但是…

M : Nothing happened, alright? Why are you so nervous?

男： 什麼事都沒發生，好嗎？妳爲什麼這麼緊張呢？

Question : Why is Julia nervous? 茱莉亞爲什麼緊張？

(A) She is going to meet her ex. 她要和她的前任見面。

(B) Her friend just told her something.

她的朋友剛剛告訴她一些事情。

(C) She has a girlfriend. 她有一個女朋友。

* ex〔εks〕*n.* 前任　　kid〔kɪd〕*v.* 嘲弄；開玩笑
calm down 冷靜；安靜下來　　nervous〔ˈnɝvəs〕*adj.* 緊張的

16. (**C**) W：What does your father do, Tom?
女：湯姆，你的爸爸是做什麼的？
M：He is an actor.
男：他是一名演員。
W：What do you want to be?
女：那你想要做什麼呢？
M：I'd like to be a PE teacher. I don't want to be a clerk like my mother.
男：我想要當體育老師。我不想像我媽媽一樣當個小職員。

Question：What's the man's mother?
　　　　這位男士的媽媽是做什麼的？

(A) A PE teacher. 體育老師。
(B) An actor. 演員。
(C) A clerk. 小職員。

* actor〔ˈæktɚ〕*n.* 演員　　*PE* 體育【源自 physical education】
clerk〔klɝk〕*n.* 職員；店員

17. (**C**) Here's a tip that will change your relationships forever with people: Let them be who they want to be. Don't try to change them or what they believe. Understand that everyone has an opinion based on the unique things that have gone on in their life. Change your focus from "Why doesn't my friend vote like I do" to "I want to understand my friend's views about life." Just try and understand, even if you don't agree. It's a challenge, but it can be done.

以下是一個秘訣，可以永遠改變你和他人的關係：讓他們做自己想做的人。不要試著改變他們或他們相信的事情。要了解到，每個人的意見，都是根據自己生活中所發生的獨特事情而來的。把你的焦點從「我的朋友投票爲什麼和我不同？」，改變成「我想要了解我朋友對人生的看法。」即使你不同意，只要試著去了解。這是一項挑戰，但是可以做到的。

Question : What is the speaking mainly talking about?

這段話主要在談論什麼？

(A) Personal health. 個人健康。

(B) Personal finance. 個人財務。

(C) Personal relationships. 個人的人際關係

* tip〔tɪp〕*n.* 秘訣 relationship〔rɪˈleʃənˌʃɪp〕*n.*（人際）關係
forever〔fəˈɛvə〕*adv.* 永遠地 opinion〔əˈpɪnjən〕*n.* 意見
based on 根據 unique〔juˈnik〕*adj.* 獨特的
go on 發生 focus〔ˈfokəs〕*n.* 焦點；中心點
vote〔vot〕*v.* 投票 view〔vju〕*n.* 看法
even if 即使 challenge〔ˈtʃælɪndʒ〕*n.* 挑戰
personal〔ˈpɝsn̩l〕*adj.* 個人的 finance〔ˈfaɪnæns〕*n.* 財務

18. (**B**) M : What are we going to do now?

男：我們現在要做什麼？

W : We can play some basketball.

女：我們可以打籃球。

M : We'll have a big dinner at Lee's Restaurant tonight, so I can't play too long.

男：我們今晚要到李氏餐廳吃大餐，所以我不能打太久。

W : Please stay for a longer time, or we don't have enough people to play basketball.

女：請再留久一點，否則我們打籃球就沒有足夠的人了。

M : I'll stay, but I have to leave before 4:50. OK?

男：我會留下來，但是 4:50 以前我就得離開，好嗎？

W : Thank you.

女：謝謝。

Question : Why does the man have to leave before 4:50?

　　　　　爲什麼這位男士 4:50 以前必須要離開？

(A) He doesn't like to play basketball.　他不喜歡打籃球。

(B) He has another plan for tonight.　他今晚有別的計劃。

(C) They don't have enough people to play basketball.

　　他們沒有足夠的人打籃球。

19. (**C**) M : Hey, Jill.　Is that a new computer?

男：嘿，吉兒。那是新電腦嗎？

W : Yeah.　I just got it.　It's beautiful.

女：是啊，我剛買的。很漂亮吧。

M : But your old computer was only one year old, right?

男：但是妳的舊電腦才用了一年而已，對嗎？

W : Yea, it was, but I was having problems with it.

女：是沒錯，但是我用起來有點問題。

Question : What did the woman do?

　　　　　這位女士做了什麼事？

(A) She got a one-year-old computer.

　　她買了一台一年的電腦。

(B) She had some problems with him.　她對他有點問題。

(C) She bought a new computer.　她買了一台新電腦。

20. (**C**) Today Post-it notes are used everywhere.　People like to use them because they can be used as bookmarks.　Also, when you want to leave someone a message, you can use Post-it notes.　They are sold in every bookstore.　They are

easy to find and easy to use. Most important of all, they
are not expensive.

今日便利貼到處都有人在用。人們喜歡用，因為可以當書籤。
此外，當你要留言給別人時，你也可以使用便利貼。每家書店
都有賣，它們容易取得、容易使用。最重要的是，它們不貴。

Question：What is not true about Post-it notes?

　　　　　　有關便利貼何者錯誤？

(A) You can use Post-it notes as bookmarks.

　　你可以把便利貼當作書籤。

(B) People can buy them easily.　人們很容易買到。

(C) They are not easy to find.　它們不容易找到。

* post〔post〕v. 貼　　***Post-it*** 便利貼
note〔not〕n. 紙條；便條　　bookmark〔'bʊk,mɑrk〕n. 書籤
message〔'mɛsɪdʒ〕n. 留言；訊息
most important of all 尤其；最重要的是

21. (**B**) W：I can't believe we're really at Mr. Farms! Dinner
　　　　　was delicious!

　　女：我不敢相信我們真的來到了「農場先生」！晚餐真好吃！

M：I'm so glad you liked it. Do you want some dessert?

　　男：我很高興妳喜歡。妳要吃甜點嗎？

W：Oh, I'm too full.

　　女：噢，我吃太飽了。

Question：Where are they?　他們在哪裡？

(A) They are at home.　他們在家。

(B) They are at a restaurant.　他們在一家餐廳。

(C) They are on a farm.　他們在一座農場。

* dessert〔dɪ'zɝt〕n. 甜點　　full〔fʊl〕adj. 吃飽的

TEST 6 詳解

閱讀測驗（第 1-41 題，共 41 題）

第一部分：單題（第 1-15 題，共 15 題）

1.（**A**）請看此圖。選出正確的句子。

　　(A) 她正在運動。

　　(B) 她正在編寫簡訊。

　　(C) 她正在跳繩。

　　(D) 她正在做仰臥起坐。

　　* ***work out*** 運動　　text〔tɛkst〕*v.* 編寫簡訊
　　message〔'mɛsɪdʒ〕*n.* 簡訊；留言　　***jump rope*** 跳繩
　　sit-up *n.* 仰臥起坐

2.（**B**）當你在線上購物時，有可能會買到仿冒品，所以要小心那些比商
店裡的真貨便宜很多的商品。

　　(A) discount〔'dɪskaʊnt〕*n.* 折扣

　　(B) ***fake***〔fek〕*n.* 贗品；仿冒品

　　(C) mistake〔mə'stek〕*n.* 錯誤

　　(D) puppy〔'pʌpɪ〕*n.* 小狗

　　* shop〔ʃɑp〕*v.* 購物　　online〔'ɑn'laɪn〕*adv.* 在線上
　　beware〔bɪ'wɛr〕*v.* 小心 <*of*>　　goods〔gʊdz〕*n.* 貨物

3.（**B**）選出正確的句子。

　　(A) 有什麼可以喝的嗎？【應改成…***to drink***?】

　　(B) 珊蒂的祖母變得非常興奮。

　　(C) 這是看這座美麗的島嶼最快的方法。

　　　　【應改成…way ***to see*** this….】

　　(D) 真好的一個人！【應改成 ***What*** a kind person!】

4. (**B**) 瑪　姬：你為什麼不向林小姐求助？

布萊德：我<u>為何</u>從沒想過這個主意呢？

(A) How about + N/V-ing?　…如何？【表建議】

(B) ***How come*** + 子句（不倒裝）？　為何…？

　　【問原因，相當於 Why + 倒裝句？】

(C) Why not + 原形動詞…？　何不…？【表建議】

(D) Why don't + 主詞 + 原形動詞…？　為什麼不…？

　　【問原因】

* ***think of*** 想到

5. (**C**) 愛倫：莎莉會用<u>毛筆</u>寫字嗎？

吉兒：她是外國人。我不這麼認為。

(A) eraser〔ɪˈresɚ〕*n.* 橡皮擦

(B) ruler〔ˈrulɚ〕*n.* 尺

(C) ***brush***〔brʌʃ〕*n.* 刷子；畫筆；毛筆

(D) case〔kes〕*n.* 盒子；箱子；外殼

* foreigner〔ˈfɔrɪnɚ〕*n.* 外國人

6. (**C**) 我們的決定有兩個理由，你知道其中一個了。現在我要告訴你<u>另一個</u>。

表「二者」中的「另一個」，代名詞要用 ***the other***，選 (C)。

* reason〔ˈrizn̩〕*n.* 理由；原因

　 decision〔dɪˈsɪʒən〕*n.* 決定

7. (**A**) <u>到目前為止</u>，我從沒買過任何盜版 CD。我寧願買二手的。

(A) ***so far*** 到目前為止【子句用現在完成式】

(B) right now 現在

(C) so long 再見（＝ *good-bye*）

(D) for ever 永遠地（＝ *forever*）

* pirated〔'paɪrətɪd〕*adj.* 盜版的　　***would rather V*** 寧願
secondhand〔'sɛkənd,hænd〕*adj.* 二手的

8. (**D**) 有些人拍照片作為紀念品，而譚美收集護照上的<u>戳章</u>，來提醒
她在國外的所有體驗。

(A) stop〔stɑp〕*v.* 停止；阻止　*n.* 停止；停車站

(B) stand〔stænd〕*v.* 站立；忍受

n. 立場；攤子；架子

(C) start〔stɑrt〕*n., v.* 開始；啟動

(D) ***stamp***〔stæmp〕*n.* 郵票；戳章

* ***take pictures*** 拍照　　memento〔mɪ'mɛnto〕*n.* 紀念品
collect〔kə'lɛkt〕*v.* 收集　　passport〔'pæs,port〕*n.* 護照
remind〔rɪ'maɪnd〕*v.* 提醒　　abroad〔ə'brɔd〕*adv.* 在國外

9. (**B**) 你不能在<u>人行道</u>上騎腳踏車。人行道是給人走的，不是腳踏車。

(A) playground〔'ple,graʊnd〕*n.* 運動場；操場；遊樂場

(B) ***sidewalk***〔'saɪd,wɔk〕*n.* 人行道

(C) airplane〔'ɛr,plen〕*n.* 飛機

(D) railway〔'rel,we〕*n.* 鐵路

* ride〔raɪd〕*v.* 騎；乘　　bike〔baɪk〕*n.* 腳踏車

10. (**C**) 那輛綠色的速克達機車<u>要多少錢</u>？

要問「多少錢」，疑問詞要用 ***How much***，而主詞前已經有
助動詞 does，動詞應用原形動詞 ***cost***，故選 (C)。

* scooter〔'skutɚ〕*n.* 速克達機車

11. (**C**) 林阿姨一個人住，但是她從來不覺得<u>寂寞</u>。

(A) shy〔ʃaɪ〕*adj.* 害羞的

(B) strange〔strendʒ〕*adj.* 奇怪的；陌生的

(C) ***lonely***〔'lonlɪ〕*adj.* 孤獨的；寂寞的

(D) thirsty〔ˈθɝstɪ〕*adj.* 渴的

* *by oneself* 獨自地

12.(**D**) 今年的流行和去年的<u>流行</u>相當不同。

依句意,是今年的流行和去年的「流行」做比較,爲了避免 fashions 重複,要用代名詞 *those* 代替,選 (D)。

* fashion〔ˈfæʃən〕*n.* 時尙;流行
quite〔kwaɪt〕*adv.* 相當地
different〔ˈdɪfərənt〕*adj.* 不同的

13.(**C**) 突然間每個人都不<u>說話</u>了,一片沉默。

表示「停止做某事」,stop 後要用動名詞,選 (C) *talking*。

* suddenly〔ˈsʌdn̩lɪ〕*adv.* 突然地
silence〔ˈsaɪləns〕*n.* 沉默

14.(**A**) 蒂娜試著要存錢,但是她忍不住把<u>大部分</u>的錢都花在衣服和鞋子上。

代名詞 it 代替 money,爲不可數名詞,而不可數名詞的代名詞「大部分」要用代名詞 *most*,選 (A)。

* save〔sev〕*v.* 節省;儲存

15.(**D**) 史考特最喜歡的隊伍贏得比賽。<u>他高興得不得了</u>。

(A) as busy as a bee 和蜜蜂一樣忙碌;非常忙碌

(B) as hungry as a bear 和熊一樣餓;非常飢餓

(C) as slow as a turtle 和烏龜一樣慢;非常緩慢

(D) *as happy as a pig in mud* 和泥濘中的小豬一樣快樂;
高興得不得了

* favorite〔ˈfevərɪt〕*adj.* 最喜歡的　　bear〔bɛr〕*n.* 熊
turtle〔ˈtɝtl̩〕*n.* 龜　　mud〔mʌd〕*n.* 泥濘

第二部分：題組（第 16-41 題，共 26 題）

（16～17）

随著夏天結束、秋天開始，你還是可以在室內欣賞春天的花。要讓你的家看起來很漂亮，方法很簡單。有一些有球莖的花，在室內很容易生長。第一次嘗試的好選擇稱為「多花水仙」。一個多花水仙的球莖可以長出多達 12 朵芳香的花。

請遵循這些簡單的步驟：

1. 找一個透明可以看穿的大玻璃罐。在罐子裡裝滿石頭或彈珠到將近頂端。這可以給球莖的根在生長的時候，有東西抓住。

2. 把球莖放在彈珠上面。把球莖推入彈珠中夠遠，讓球莖能夠留在那裡。

3. 在罐子裡裝滿水。只要覆蓋到球莖的底部就夠了。

4. 把罐子放在球莖可以接受到充足光線的地方。有需要的時候再加水。很快地，根部就會開始生長。幾週之內，你就可以欣賞到花開。

多花水仙有很多品種，並非全部都是白色的。有些是白色、黃色，有些是黃色、橘色。看看你在園藝店裡能夠買到什麼。下次你也許會想要種更多花。

【註釋】

end〔ɛnd〕v. 結束　　fall〔fɔl〕n. 秋天
pretty〔'prɪtɪ〕adj. 漂亮的　　bulb〔bʌlb〕n. 球莖
grow〔gro〕v. 生長　　paperwhite〔'pepɚ,hwaɪt〕n. 多花水仙
as many as 多達　　sweet〔swit〕adj. 甜的；芳香的
smell〔smɛl〕v. 聞起來　　**sweet smelling** 芳香的
follow〔'falo〕v. 遵循　　step〔stɛp〕n. 步驟
glass〔glæs〕n. 玻璃　　jar〔dʒɑr〕n. 廣口瓶；罐子
clear〔klɪr〕adj. 清澈的　　**see through** 看透
fill〔fɪl〕v. 使裝滿　　top〔tɑp〕n. 頂端
stone〔ston〕n. 石頭　　marble〔'mɑrbl̩〕n. 大理石；彈珠
root〔rut〕n. 根部　　**hold onto** 抓住
place〔ples〕v. 放置　　push〔pʊʃ〕v. 推
stay〔ste〕v. 保持　　cover〔'kʌvɚ〕v. 覆蓋
bottom〔'batəm〕n. 底部　　light〔laɪt〕n. 光線
bloom〔blum〕v. 開花　　garden〔'gɑrdn̩〕n. 花園

16. (**D**) 什麼時候你應該第一次在罐子裡加水？

　　(A) 在花朵開花之後。

　　(B) 在根部開始生長之後。

　　(C) 在植物長到一英吋高之後。

　　(D) 在球莖被放在彈珠上面之後。

　　* inch〔ɪntʃ〕n. 英吋

17. (**A**) 作者利用最後一段來幫助讀者

　　(A) 對於種植多花水仙感到很興奮。

　　(B) 想要閱讀更多和花有關的故事。

　　(C) 認為種花比實際上容易。

　　(D) 喜歡種植不是多花水仙的花。

　　* author〔'ɔθɚ〕n. 作者　　paragraph〔'pærə,græf〕n. 段落
　　feel like V-ing 想要做某事

（18～19）

為盲人而跑

　　為了要幫助看不見的人，請來加入我們吧。世界博覽會協會即將要舉辦一場社區競賽，為盲人而跑。報名費用將全數捐給美心屋，這裡收容了本市大部分的盲人。你可以幫助他們，不是只有引導他們過馬路而已。年齡和性別沒有限制，人人都可以參加這場賽跑。這場賽跑有點特別的是，所有跑者都必須用布把眼睛蒙上。那什麼都看不見該怎麼跑呢？別擔心。你的身邊會有一隻狗，以這種方式，你可以體驗一下盲人的世界。如果你有興趣，你可以撥打0933-115522，聯絡何小姐，了解更多活動細節。

2020 年 7 月 1 日

早上八點在大安公園

附註：請不要穿著牛仔褲。請穿著短褲和 T 恤。現場會提供水；你不必自己帶水。

【註釋】

race〔res〕v., n. 賽跑　　blind〔blaɪnd〕adj. 眼盲的
the blind 盲人　　join〔dʒɔɪn〕v. 加入
fair〔fɛr〕n. 展覽會　　association〔ə‚soʃɪˋeʃən〕n. 協會
hold〔hold〕v. 舉辦　　community〔kəˋmjunətɪ〕n. 社區
attendance〔əˋtɛndəns〕n. 參加　　fee〔fi〕n. 費用

house〔haʊs〕*v.* 容納　　***give a hand to** sb.* 幫助某人
guide〔gaɪd〕*v.* 引導　　　cross〔krɔs〕*v.* 穿越
restriction〔rɪ'strɪkʃən〕*n.* 限制　　age〔edʒ〕*n.* 年齡
sex〔sɛks〕*n.* 性別　　attend〔ə'tɛnd〕*v.* 參加
special〔'spɛʃəl〕*adj.* 特別的　　runner〔'rʌnɚ〕*n.* 跑者
cover〔'kʌvɚ〕*v.* 覆蓋　　cloth〔klɔθ〕*n.* 布
by** one's **side 在某人身旁　　***in this way*** 以這種方式
experience〔ɪk'spɪrɪəns〕*v.* 體驗　　detail〔'ditel〕*n.* 細節
activity〔æk'tɪvətɪ〕*n.* 活動　　contact〔'kɑntækt〕*v.* 聯絡
PS 附註【源自 postscript〔'pos‧skrɪpt〕】
jeans〔dʒinz〕*n. pl.* 牛仔褲
shorts〔ʃɔrts〕*n. pl.* 短褲　　***T-shirt*** T恤
provide〔prə'vaɪd〕*v.* 提供　　***don't have to** V* 不必

18.(**A**) 美心屋是什麼樣的地方？

　　(A) 盲人住的地方。

　　(B) 訓練盲人和狗的地方。

　　(C) 幫助盲人和狗一起跑步的地方。

　　(D) 為盲人募款的遊戲競賽。

　　* train〔tren〕*v.* 訓練　　raise〔rez〕*v.* 籌募

19.(**C**) 關於此次活動何者正確？

　　(A) 跑者會和蒙上眼睛的狗狗一起跑。

　　(B) 此次比賽在夏天，所以記得要帶水。

　　(C) 即使是 10 歲以下的兒童也可以參加此次賽跑。

　　(D) 任何人若希望知道更多訊息，可以寫信到這家公司
　　　　詢問。

　　* statement〔'stetmənt〕*n.* 敘述

（20～22）

未 來 五 日 預 報				
今　天	星期四	星期五	星期六	星期日
下 雨 29°/19°	部分多雲 32°/19°	晴 朗 33°/20°	炎熱潮濕 35°/29°	涼爽多雲 25°/21°
降雨機率				
100%	20%	30%	70%	0%

【註釋】

outlook〔'aʊt,lʊk〕*n.* 未來展望　　partly〔'pɑrtlɪ〕*adv.* 部分地
cloudy〔'klaʊdɪ〕*adj.* 多雲的　　sunny〔'sʌnɪ〕*adj.* 晴朗的
humid〔'hjumɪd〕*adj.* 潮濕的　　cool〔kul〕*adj.* 涼爽的
chance〔tʃæns〕*n.* 機率　　precipitation〔prɪ,sɪpə'teʃən〕*n.* 降雨

20.（**D**）目前的氣溫是多少？

　　　(A) 上午 6:32。　　　　　(B) 百分之 95。
　　　(C) SW20。　　　　　　(D) <u>27 度。</u>

　　　* current〔'kɜənt〕*adj.* 目前的
　　　　temperature〔'tɛmpərətʃɚ〕*n.* 氣溫；溫度

21.（**B**）明天的預報如何？

　　　(A) 下雨。　　　　　　　(B) <u>部分多雲。</u>
　　　(C) 晴朗。　　　　　　　(D) 炎熱潮濕。

　　　* forecast〔'for,kæst〕*n.* 預報

22. (**B**) 哪一天最有可能下雨？

    (A) 週日。   (B) <u>週三。</u>

    (C) 週四。   (D) 週五。

    * likely〔ˈlaɪklɪ〕*adj.* 可能的   ***be likely to V*** 可能

（23～26）

> 你昨天晚上睡了多久？八小時？六小時？或甚至更少？或者你根本不在意。每個人都說睡眠很重要，但事實上，睡眠還是被很多人忽視了。可是那樣很糟糕。我們大家都應該要有足夠的睡眠。有優質的睡眠，有助於保護我們的心理健康、身體健康、生活品質和安全。我們醒時的感覺，其實取決於我們睡覺時發生的事情。在我們睡覺時，我們的身體還是在運作，以支持健康的大腦功能，維持身體健康。所以，如果睡眠不足，事實上就是在傷害自己的身體。此外，睡眠也有助於生長和發育。甚至連情緒上的幸福感，也是來自良好睡眠的好處之一。總之，睡眠應該永遠是最不可以被無視的事情。

【註釋】

care〔kɛr〕*v.* 在意；在乎   ***in fact*** 事實上

ignore〔ɪgˈnor〕*v.* 忽視   though〔ðo〕*adv.* 不過；可是

quality〔ˈkwɑlətɪ〕*n.* 品質   protect〔prəˈtɛkt〕*v.* 保護

mental〔ˈmɛntḷ〕*adj.* 心理的   health〔hɛlθ〕*n.* 健康

physical〔ˈfɪzɪkḷ〕*adj.* 身體的   ***quality of life*** 生活品質

safety〔ˈseftɪ〕*n.* 安全   awake〔əˈwek〕*adj.* 醒著的

actually〔ˈæktʃʊəlɪ〕*adv.* 事實上   ***depend on*** 依賴；取決於

happen〔ˈhæpən〕*v.* 發生   support〔səˈport〕*v.* 支持

healthy〔ˈhɛlθɪ〕adj. 健康的　　brain〔bren〕n. 大腦
function〔ˈfʌŋkʃən〕n. 功能　　maintain〔menˈten〕v. 維持
hurt〔hɝt〕v. 傷害　　besides〔bɪˈsaɪdz〕adv. 此外
growth〔groθ〕n. 生長　　development〔dɪˈvɛləpmənt〕n. 發展
emotional〔ɪˈmoʃənḷ〕adj. 情緒的　　well-being〔ˈwɛlˈbiɪŋ〕n. 幸福
benefit〔ˈbɛnəfɪt〕n. 好處；益處　　*to sum up* 總之
the last 最不…的　　*think nothing of* 不在乎；不當一回事

23.(**A**) 作者對於良好睡眠的態度為何？

　　(A) 肯定的。　(B) 否定的。　(C) 中立的。　(D) 滿意的。

　　* author〔ˈɔθɚ〕n. 作者　　attitude〔ˈætəˌtjud〕n. 態度
　　positive〔ˈpɑzətɪv〕adj. 肯定的
　　negative〔ˈnɛgətɪv〕adj. 否定的
　　neutral〔ˈnjutrəl〕adj. 中立的

24.(**C**) 上面段落中最後一個句子是什麼意思？

　　(A) 睡眠沒什麼。　　　　　(B) 睡眠被很多人忽視。
　　(C) 睡眠很重要。　　　　　(D) 睡眠經常被人打擾。

　　* paragraph〔ˈpærəˌgræf〕n. 段落
　　above〔əˈbʌv〕adv. 在上面　　bother〔ˈbɑðɚ〕v. 困擾

25.(**D**) 根據上面段落，如果我們早上想要感覺良好，我們可以怎麼做？

　　(A) 喝酒。　　　　　　　　(B) 玩遊戲。
　　(C) 保護世界。　　　　　　(D) 晚上有足夠的睡眠。

　　* alcohol〔ˈælkəˌhɔl〕n. 酒精；酒

26.(**A**) 哪一個選項不是良好睡眠可以提供的好處之一？

　　(A) 快活的地方。　　　　　(B) 情緒上的幸福感。
　　(C) 健康的身體。　　　　　(D) 健康的大腦功能。

　　* option〔ˈɑpʃən〕n. 選擇　　provide〔prəˈvaɪd〕v. 提供
　　playful〔ˈplefəl〕adj. 愛玩的；快活的

（27～29）

目錄	
章節	**頁數**
1　你的主題	1
2　研究和做筆記	27
3　大綱和草稿	56
4　期末報告	72
5　研究訣竅	90
索引	117

【註釋】

contents〔ˈkɑntɛnts〕*n. pl.* 目錄　　chapter〔ˈtʃæptɚ〕*n.* 章
page〔pedʒ〕*n.* 頁　　topic〔ˈtɑpɪk〕*n.* 主題
research〔rɪˈsɝtʃ〕*v.* 研究　　**note taking** 記筆記
outline〔ˈaʊt͵laɪn〕*n.* 大綱　　draft〔dræft〕*n.* 草稿
final〔ˈfaɪnḷ〕*adj.* 最後的　　term〔tɝm〕*n.* 學期
final term paper 期末報告　　tip〔tɪp〕*n.* 秘訣
index〔ˈɪndɛks〕*n.* 索引

27.（**B**）哪一章最有可能告訴你如何在圖書館找資料？

　　　(A) 第 1 章。　　　　　(B) 第 2 章。

　　　(C) 第 3 章。　　　　　(D) 第 4 章。

　　＊ likely〔ˈlaɪklɪ〕*adv.* 可能地
　　　information〔͵ɪnfɚˈmeʃən〕*n.* 資料
　　　library〔ˈlaɪ͵brɛrɪ〕*n.* 圖書館

28. (**A**) 如果你需要知道如何選定主題，你應該要看哪幾頁？

    (A) 1-26 頁。   (B) 27-55 頁。

    (C) 56-71 頁。   (D) 72-89 頁。

29. (**C**) 你會從哪一頁開始尋找校對定稿的方法？

    (A) 第 1 頁。   (B) 第 27 頁。

    (C) 第 72 頁。   (D) 第 90 頁。

    * *look for* 尋找   way〔we〕*n.* 方法
    proofread〔'pruf͵rid〕*v.* 校對   *final draft* 定稿

（30～31）

      傑米・奧利佛想要改變人們的生活，他利用食物來做這件事。他也透過他的義大利餐廳「十五」來改變人生。「十五」開始於英國倫敦，是一個訓練年輕人在廚房工作的地方。每年九月，新的一批 18 到 24 歲的年輕人，開始在「十五」工作。當開始的時候，他們通常做餐廳工作都不合格，但情形很快就會改變。除了學習廚房技能之外，他們也學得使用新鮮食材的重要性，以及如何創作自己的食譜。而他們的教育並不止於準備和供應食物。學生們也學會了如何管理金錢，和應付難搞的顧客。就整體而言，這個計畫鼓勵他們對自己有信心，使他們能夠在餐飲業有未來的展望。大約有百分之 90 的畢業生，仍然在食物業工作。他們都是很棒的例子，告訴我們，如果年輕人被給予機會和支持，他們可以做什麼。

【註釋】

through〔θru〕*prep.* 透過　　adult〔əˋdʌlt〕*n.* 成人
kitchen〔ˋkɪtʃɪn〕*n.* 廚房　　qualified〔ˋkwɑləˏfaɪd〕*adj.* 合格的
besides〔bɪˋsaɪdz〕*prep.* 除了～之外　　skill〔skɪl〕*n.* 技巧
fresh〔frɛʃ〕*adj.* 新鮮的　　ingredient〔ɪnˋgridɪənt〕*n.* 材料
create〔krɪˋet〕*v.* 創造　　recipe〔ˋrɛsəpɪ〕*n.* 食譜；烹調法
education〔ˏɛdʒəˋkeʃən〕*n.* 教育　　prepare〔prɪˋpɛr〕*v.* 準備
serve〔sɝv〕*v.* 供應；上（菜）　　manage〔ˋmænɪdʒ〕*v.* 管理
deal with 應付　　difficult〔ˋdɪfəˏkʌlt〕*adj.* 難搞的
customer〔ˋkʌstəmɚ〕*n.* 顧客　　overall〔ˏovɚˋɔl〕*adv.* 就整體而言
program〔ˋprogræm〕*n.* 計畫　　encourage〔ɪnˋkɝɪdʒ〕*v.* 鼓勵
believe in *oneself* 有自信　　enable〔ɪnˋeb!〕*v.* 使能夠
look forward to *N/V-ing* 期待　　future〔ˋfjutʃɚ〕*n.* 未來
business〔ˋbɪznɪs〕*n.* 行業　　around〔əˋraund〕*adv.* 大約
percent〔pɚˋsɛnt〕*n.* 百分之…　　graduate〔ˋgrædʒuɪt〕*n.* 畢業生
industry〔ˋɪndəstrɪ〕*n.* 產業　　example〔ɪgˋzæmp!〕*n.* 例子
opportunity〔ˏɑpɚˋtjunətɪ〕*n.* 機會　　support〔səˋport〕*n.* 支持

30.(**B**)　奧利佛利用「十五」餐廳來幫助年輕人

　　　(A) 致富。　　　　　　　(B) 找工作。

　　　(C) 變成好顧客。　　　　(D) 吃健康食物。

31.(**C**)　當開始的時候,「他們」通常…都,「他們」指的是誰?

　　　(A) 15 歲的學生。

　　　(B) 顧客。

　　　(C) 「十五」餐廳裡的學生。

　　　(D) 電視上的廚師。

　　　* ***refer to*** 指

（32~34）

> 在陽光下，
>
> 吹著海風，
>
> 聽著大海的聲音，
>
> 我覺得比較不傷心了。
>
> 我沒有說謊，
>
> 他們沒有發現事實，
>
> 我的父母誤會了，
>
> 我的老師不相信，
>
> 我不知該怎麼辦。
>
> 在陽光、大海的聲音、海風以外，
>
> 我想，
>
> 如果我想要讓悲傷離開，
>
> 我必須原諒。

【註釋】

sunlight (ˈsʌnˌlaɪt) *n.* 陽光　　wind (wɪnd) *n.* 風
sound (saʊnd) *n.* 聲音　　sad (sæd) *adj.* 傷心的
lie (laɪ) *n.* 謊言　*v.* 說謊　***tell a lie*** 說謊　　truth (truθ) *n.* 事實
misunderstand (ˌmɪsʌndɚˈstænd) *v.* 誤解；誤會
sadness (ˈsædnɪs) *n.* 悲傷　　forgive (fɚˈgɪv) *v.* 原諒

32. (**D**) 作者為什麼傷心？

　　(A) 因為他對他的父母說謊。　　(B) 因為他的父母不喜歡他。
　　(C) 因為他沒有時間去海邊。　　(D) <u>因為他的父母不了解他。</u>
　　* beach (bitʃ) *n.* 海灘　　understand (ˌʌndɚˈstænd) *v.* 了解

33.(**D**) 作者可能在哪裡？

    (A) 在他的房間。   (B) 在學校。

    (C) 在電影院。   (D) <u>在海邊。</u>

    * theater〔ˈθiətɚ〕*n.* 劇院；電影院

34.(**A**) 何者為非？

    (A) <u>作者的老師對他說謊。</u>

    (B) 作者將會原諒他的父母和老師。

    (C) 作者去海邊，因為他很傷心。

    (D) 因為陽光、大海的聲音和海風，作者變得比較高興了。

（35~37）

住在豐慶鎮的人，總是可以看到鍾女士，<u>騎著她的腳</u>
                               35

踏車在收集瓶子。鍾女士早上在市場裡賣菜維生。雖然她

不富有，但是她非常喜歡她的生活。十年前，她發現有很

多人沒辦法養活他們自己，所以從那時起，她就<u>很努力</u>地
                                     36

幫助更多人。下午她就把那些瓶子載到資源回收工廠。她

會把她賺到的錢，<u>捐給</u>某個慈善機構或學校。她總是說：
                        37

「如果我多做一點，就有更多人可以有更好的生活，那為

什麼不做呢？」她就開始省下一些二手物品，送給那些需

要的人。今年，她有一個新的夢想——募款為貧窮的孩子

建學校。「誰說我做不到的？」鍾女士告訴我們，「沒有事

情是不可能的。」

【註釋】

collect〔kəˈlɛkt〕v. 收集　　bottle〔ˈbɑtḷ〕n. 瓶子
all the time 一直；總是　　***make a living*** 維生；謀生
market〔ˈmɑrkɪt〕n. 市場　　support〔səˈport〕v. 支持；養活
carry〔ˈkærɪ〕v. 攜帶　　recycling〔riˈsaɪklɪŋ〕n. 回收
factory〔ˈfæktrɪ〕n. 工廠　　charity〔ˈtʃærətɪ〕n. 慈善
institution〔ˌɪnstəˈtjuʃən〕n. 機構　　save〔sev〕v. 節省
used〔just〕adj. 用過的；二手的

35. (**A**) 感官動詞 see 接受詞之後，要接原形動詞，選 (A) ***ride***。

36. (**B**) 表示動作從那時起一直持續到現在，用「現在完成式」，選
　　　　(B) ***has worked***。

37. (**A**) 由後面的動詞 gets 可知，捐贈的事情為常態，用現在簡單式，
　　　　故選 (A) ***donates***。donate〔ˈdonet〕v. 捐贈

(38～41)

愛麗絲下週四要舉辦一場生日派對。林肯很困擾要送
什麼禮物給她。<u>天氣漸漸冷了</u>，所以送毛衣是個不錯的選
　　　　　　　38
擇。然而，他不確定她的尺寸，所以他打電話給她的媽媽
問一下。

（電話中）

陳太太：請問你是哪位？
林　肯：我是林肯。<u>我是愛麗絲的同班同學。</u>
　　　　　　　　　　　39

陳太太：我知道你。但是愛麗絲現在不在家。

> 林　　肯：不，我現在沒有要和她講話。我打電話來是要
> 　　　　　找您的。
>
> 陳太太：找我？<u>有什麼事嗎？</u>
> 　　　　　　　　　40
>
> 林　　肯：我要買一件毛衣給愛麗絲做生日禮物，但是我
> 　　　　　不知道她的尺寸。
>
> 陳太太：她穿 M 號。<u>你真的很貼心。</u>當她收到你的禮物
> 　　　　　　　　　　　　41
> 　　　　　時，一定會很高興。
>
> 林　　肯：謝謝您。我們生日派對上見。
>
> 陳太太：再見。

【註釋】

troubled (ˈtrʌbḷd) *adj.* 困擾的　　sweater (ˈswɛtɚ) *n.* 毛衣
choice (tʃɔɪs) *n.* 選擇　　size (saɪz) *n.* 尺寸
check (tʃɛk) *v.* 查看　　present (ˈprɛznt) *n.* 禮物
See you*.* 再見；回頭見。

38. (**C**) (A) 現在是夏天　　　　　　(B) 她喜歡運動
　　　　　(C) <u>天氣漸漸冷了</u>　　　　(D) 她在派對上很愉快

39. (**D**) (A) 我可以和愛麗絲說話嗎？　(B) 愛麗絲現在正在做什麼？
　　　　　(C) 我應該買什麼給愛麗絲呢？ (D) <u>我是愛麗絲的同班同學。</u>

40. (**C**) (A) 你好嗎？　　　　　　　(B) （初次見面）你好。
　　　　　(C) <u>有什麼事嗎？</u>　　　　(D) 你喜歡哪一個？

41. (**A**) (A) <u>你真的很貼心。</u>　　　(B) 你應該知道的。
　　　　　(C) 你可以買一條裙子給她。 (D) 你可以在派對上看到。

聽力測驗（第 1-21 題，共 21 題）

第一部分：辨識句意（第 1-3 題，共 3 題）

1. (**B**) (A)　　　　(B)　　　　(C)

Jenny likes to eat spaghetti.

珍妮喜歡吃義大利麵。

* spaghetti〔spə'gɛtɪ〕*n.* 義大利麵

2. (**A**) (A)　　　　(B)　　　　(C)

Cathy is making a cake in the kitchen.

凱西正在廚房裡做蛋糕。

3. (**A**) (A)　　　　(B)　　　　(C)

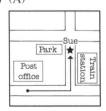 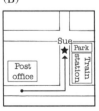 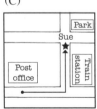

Sue is walking from the post office to the train station.
The park is on her left.

蘇正從郵局走到火車站。公園在她的左邊。

第二部分：基本問答（第 4-10 題，共 7 題）

4. (**C**) What happened to your ankle?

你的腳踝發生了什麼事？

(A) Poor kid. It must hurt a lot. 可憐的小孩。一定很痛吧。

(B) I've got the flu. 我得了流感。

(C) I fell off my bike yesterday.

<u>我昨天從腳踏車上跌下來。</u>

* ankle〔ˋæŋkḷ〕*n.* 腳踝 　　 kid〔kɪd〕*n.* 小孩

hurt〔hɝt〕*v.* 疼痛 　　 flu〔flu〕*n.* 流行性感冒

5. (**C**) Would you please wait right here for a moment?

可以請你在這裡等一下嗎？

(A) You are right. 你說得對。

(B) I'm all right. 我很好。

(C) All right. <u>好的。</u>

* moment〔ˋmomənt〕*n.* 時刻；片刻

6. (**B**) Are you proud of your country? 你以你的國家為榮嗎？

(A) You can bet, too. 你也可以打賭。

(B) You bet I am. <u>當然我是。</u>

(C) You can't be too sure. 你不可能過於肯定。

* *be proud of* 以～為榮 　　 bet〔bɛt〕*v.* 打賭

　 you bet 一定；當然

7. (**C**) How did you learn to play baseball so well?

你的棒球怎麼學習打得這麼好？

(A) After the game. 在比賽之後。

(B) To be healthier. 為了要更健康。

(C) By practicing every afternoon. <u>我每天下午練習。</u>

8. (**C**) Will you translate an email into Spanish for me?
　　　　你可以幫我把一封電子郵件翻譯成西班牙文嗎？

　　　(A) Three more pages. 還有三頁。

　　　(B) No, I haven't sent it yet. 不，我還沒寄出去。

　　　(C) Sure, let me see it. 當然可以，讓我看看。

　　　* translate〔'trænslet〕 *v.* 翻譯
　　　　Spanish〔'spænɪʃ〕 *n.* 西班牙文　　　page〔pedʒ〕 *n.* 頁

9. (**A**) Do you know who painted the picture?
　　　　你知道這幅畫是誰畫的嗎？

　　　(A) I only know it has been here for a long time.
　　　　　我只知道這幅畫放在這裡已經很久了。

　　　(B) No, I don't. I've studied painting here since I was
　　　　　six. 不，我不知道。我從六歲就在這裡學畫畫了。

　　　(C) Yes, I saw you playing with your son at the park
　　　　　yesterday. 是的，我昨天看到你和你的兒子在公園裡玩。

　　　* paint〔pent〕 *v.* 畫畫

10. (**A**) Hi, Mandy. I haven't seen you for a long time.
　　　　嗨，蔓蒂。我好久沒有見到妳了。

　　　(A) I've been in New York. 我一直待在紐約。

　　　(B) I'll meet you in ten minutes. 我們再過 10 分鐘後見。

　　　(C) No, I didn't see her. 不，我沒有看到她。

第三部分：言談理解（第 11-21 題，共 11 題）

11. (**B**) W：Are you hungry? I just made this.
　　　　　女：你肚子餓了嗎？我剛做了這個。

　　　　　M：Sure, thanks. What is it? Is it from a restaurant?
　　　　　男：當然，謝謝。這是什麼？是餐廳買來的嗎？

W : No, I just invented it.

女：不是，我剛剛發明的。

Question : Where did the recipe for the dish come from?

這道菜的作法來自哪裡？

(A) The restaurant. 餐廳。

(B) Homemade. 自製的。

(C) The supermarket. 超級市場。

* invent〔ɪnˈvɛnt〕v. 發明　recipe〔ˈrɛsəpɪ〕n. 烹調法
dish〔dɪʃ〕n. 菜餚　homemade〔ˈhomˈmed〕adj. 自製的

12. (**B**) W : Oh no! Our flight is cancelled.

女：噢，不！我們的班機被取消了。

M : We can catch the next one.

男：我們可以搭下一班飛機。

W : What about our hotel reservation?

女：那我們預訂的飯店怎麼辦？

M : Don't worry. Everything will work out.

男：別擔心。一切都會順利解決的。

Question : What does the man tell the woman?

這位男士告訴這位女士什麼？

(A) He is unable to fix the problems.

他無法解決這些問題。

(B) Everything will get fixed in the end.

最後一切都會被解決的。

(C) To cancel their trip and go home.

取消他們的旅行，然後回家。

* flight〔flaɪt〕n. 班機　cancel〔ˈkænsl̩〕v. 取消
reservation〔ˌrɛzəˈveʃən〕n. 預訂　**work out** 解決；順利進行
unable〔ʌnˈebl̩〕adj. 不能的＜to V＞
fix〔fɪks〕v. 修理；解決　**in the end** 最後；終於

13. (**C**) W : I don't know if I should get this skirt.

女：我不知道該不該買這條裙子。

M : I think you should. It looks great on you.

男：我認為妳應該買。妳穿起來很好看。

W : Thanks, but I'm not sure about the length.

女：謝謝，可是我不確定這個長度好嗎。

M : Oh, let me take another look at it.

男：噢，讓我再看一次。

Question : What doesn't the woman like about the skirt?

這位女士不喜歡這條裙子的什麼地方？

(A) How much it costs. 它的價錢。

(B) How the color looks. 它的顏色看起來的樣子。

(C) How long it is. 它的長度。

* skirt〔skɜt〕*n.* 裙子　　length〔lɛŋθ〕*n.* 長度

14. (**B**) Jason Wu is a world-famous fashion designer. He was born in Taiwan, and he moved to Canada when he was nine years old. His clothes are popular and are always sold out soon. If you are interested in his clothes, you can check the following website.

吳季剛是世界知名的時裝設計師。他在台灣出生，九歲時移民到加拿大。他的服裝非常受歡迎，總是很快就賣完了。如果你對他的服裝有興趣，你可以查看以下的網站。

Question : Which is true about Jason Wu?

有關吳季剛何者正確？

(A) He was born in Canada. 他在加拿大出生。

(B) His clothes sell well. 他的衣服賣得很好。

(C) He has lived in Canada since he was born.

他從出生就住在加拿大。

* ***world-famous*** *adj.* 世界知名的　　 fashion〔ˈfæʃən〕*n.* 時尚
designer〔dɪˈzaɪnə〕*n.* 設計師　 ***fashion designer*** 時裝設計師
be born 出生　　 move〔muv〕*v.* 搬家
sell out 賣完　　 check〔tʃɛk〕*v.* 查看
following〔ˈfɑloɪŋ〕*adj.* 下面的　　 website〔ˈwɛbˌsaɪt〕*n.* 網站

15. (**C**) M：I can't find Sophie. Where is she?

　　　男：我找不到蘇菲。她在哪裡？

　　　W：She said she had to return a book. Maybe she's
　　　　 at the library now.

　　　女：她說她得去還書，也許她現在在圖書館。

　　　M：But she told me to meet her here in 15 minutes.

　　　男：但她告訴我，再過 15 分鐘在這裡和她碰面

　　　W：Then she must be on the way here. Don't worry.
　　　　 She is always on time.

　　　女：那她一定就在來這裡的途中了。別擔心，她一向很準時。

　　　Question：Why is the man looking for Sophie?

　　　　　　 這位男士為什麼在找蘇菲？

　　　(A) He wants to go to the library with Sophie.

　　　　 他要和蘇菲一起去圖書館。

　　　(B) Sophie has his book. 蘇菲拿了他的書。

　　　(C) They have an appointment in 15 minutes.

　　　　 <u>他們再過 15 分有約。</u>

* return〔rɪˈtɜn〕*v.* 歸還　　 must〔mʌst〕*aux.* 一定【表肯定推測】
on the way 在途中　 ***on time*** 準時　 ***look for*** 尋找
appointment〔əˈpɔɪntmənt〕*n.* 約會；約定

16. (**A**) W：Good afternoon, sir. How may I help you today?

　　　女：先生，午安。我今天要如何幫助您呢？

　　　M：I'd like to rent a car.

　　　男：我想要租車。

W : Certainly. I will need to collect a deposit from you.

女：當然可以。我必須向您收取押金。

M : Sure. No problem.

男：當然，沒問題。

Question : What does the woman ask the man for?

這位女士向這位男士要什麼？

(A) A sum of money. 一筆錢。

(B) His driver license. 他的駕照。

(C) His vacation plan. 他的假期計劃。

* rent〔rɛnt〕v. 租用　　certainly〔'sɝtn̩lɪ〕adv. 當然
collect〔kə'lɛkt〕v. 收取　　deposit〔dɪ'pɑzɪt〕n. 押金；保證金
sum〔sʌm〕n. 一筆（錢）　　license〔'laɪsn̩s〕n. 執照

17. (**C**) M : Who put the math workbook on my desk?

男：誰把數學作業簿放在我桌上？

W : Isn't it yours?

女：不是你的嗎？

M : No, I've written my name on mine, but there's no name on it. Has anyone lost their math workbook?

男：不是，我的作業簿上有寫名字，但這本作業簿上沒有名字。有人遺失了數學作業簿嗎？

W : It must be Frank's. He never writes his name on his workbooks.

女：一定是法蘭克的。他的作業簿上從來不寫名字。

Question : Who never writes his/her name on a workbook?

誰從來不在作業簿上寫名字？

(A) The man. 這位男士。

(B) The woman. 這位女士。

(C) Frank. 法蘭克。

* workbook ('wɜk,bʊk) n. 作業簿

18. (**B**) M : I apologize for this mess. I had a busy day.

男：抱歉我搞的一團亂。我今天太忙了。

W : How is that? You don't have a job! I'm tired of your excuses.

女：怎麼會呢？你沒有工作耶！我受夠你的藉口了。

Question : Why is the woman upset?

為什麼這位女士很生氣？

(A) The woman is exhausted. 這位女士筋疲力盡了。

(B) The man seems lazy. 這位男士似乎很懶惰。

(C) She's angry he's so busy. 他很忙令她很生氣。

* apologize (ə'pɑlə,dʒaɪz) v. 道歉　　mess (mɛs) n. 亂七八糟
  be tired of 厭倦　　excuse (ɪk'skjus) n. 藉口
  upset (ʌp'sɛt) adj. 不高興的；生氣的
  exhausted (ɪg'zɔstɪd) adj. 筋疲力盡的

19. (**C**) W : Look at the price of the coffee. Fifty? Can you believe it? Last summer it was only forty!

女：你看這個咖啡的價格。50元？你相信嗎？去年夏天才 40 元！

M : I know. Everything's going up so fast. This cake has jumped from thirty-nine dollars to fifty-five.

男：我知道。每樣東西都漲得好快。這個蛋糕已經從 39 元漲到 55 元。

W : It's not just food either. Look, they are planning to ask us to pay more for a bus ride. I don't know how I'm going to do it.

女：不只是食物。你看，他們還計劃搭公車也要漲價。我不知道我要怎麼過日子了。

M：You can say that again. I hope they reconsider.

男：妳說得對。希望他們能重新考慮。

Question：What are they looking at?

他們正在看什麼？

(A) A baseball game. 棒球比賽。

(B) A cooking program. 烹飪節目。

(C) A newspaper. 報紙。

* ride〔raɪd〕*n.* 搭乘
  You can say that again. 你可以再說一次；你說得對。
  reconsider〔͵rikən'sɪdə〕*v.* 重新考慮
  program〔'progræm〕*n.* 節目

20. (**C**) Yesterday I visited my cousin, Johnny. Johnny is a science teacher in a junior high school. I asked him some questions about my science homework, and he performed some experiments for me. The experiments were so interesting. And I learned science rules through the experiments. Thanks to Johnny, now I have new hope for science.

昨天我去找我的表哥強尼。強尼是國中的自然老師。我問他一些問題，是關於我的自然科作業，他就做了一些實驗給我看。那些實驗好有趣，而透過實驗我就學會了自然規則。多虧了強尼，現在我對自然科有了新的希望。

Question：Which is NOT true?

何者不正確？

(A) Johnny teaches science. 強尼教自然科。

(B) Johnny can perform some tests. 強尼可以做一些測驗。

(C) Johnny is a junior high school student.

強尼是國中學生。

* science〔'saɪəns〕 *n.* 科學；自然科學；理科
  perform〔pɚ'fɔrm〕 *v.* 執行；做
  experiment〔ɪk'spɛrəmənt〕 *n.* 實驗
  thanks to 因為有；幸虧有；多虧有

21. (**A**) M：Look, May. I got this picture this morning.

　　　男：妳看，小美。我今天早上買到這幅畫。

　　　W：It reminds me of a Picasso painting.

　　　女：這使我想起了一幅畢卡索的畫。

　　　M：That's because it is a Picasso! What do you think?

　　　男：那是因為這確實是畢卡索的畫。妳覺得呢？

　　　W：It doesn't look like a real face. What on earth is that?

　　　女：看起來不像真的臉。這到底是什麼？

　　　M：It's a woman. Don't you like it?

　　　男：是一個女人。

　　　W：Hmm. I'm not sure.

　　　女：嗯，我不確定。

　　　Question：What are they talking about?

　　　　　　　　他們正在談論什麼？

　　　(A) A painting. 一幅畫。

　　　(B) A woman. 一個女人。

　　　(C) A fashion. 一種流行。

* remind〔rɪ'maɪnd〕 *v.* 提醒；使想起 < *of* >
  Picasso〔pɪ'kɑso〕 *n.* 畢卡索【1881-1973，西班牙畫家，僑居法國】
  painting〔'pentɪŋ〕 *n.* 畫作
  on earth 到底；究竟【置於疑問詞之後，加強疑問詞的語氣】
  fashion〔'fæʃən〕 *n.* 時尚；流行

TEST 7　詳解

閱讀測驗 (第 1-41 題，共 41 題)

第一部分：單題 (第 1-15 題，共 15 題)

1. (**C**) 請看此圖。右邊的女生正在做什麼？

    (A) 她正在喝一杯果汁。

    (B) 她正站在太陽下。

    (C) <u>她正在吃冰淇淋。</u>

    (D) 她正在禱告。

    * right ﹝ raɪt ﹞ *n.* 右邊　　glass ﹝ glæs ﹞ *n.* 玻璃杯
    juice ﹝ dʒus ﹞ *n.* 果汁　　prayer ﹝ prɛr ﹞ *n.* 祈禱；禱告
    at** one's **prayers 正在禱告

2. (**B**) 這位電影明星不喜歡他的家人和他一起<u>出現</u>在公共場合；他不想要別人知道他們是誰。

    (A) agree ﹝ ə'gri ﹞ *v.* 同意

    (B) ***appear*** ﹝ ə'pɪr ﹞ *v.* 出現

    (C) cheat ﹝ tʃit ﹞ *v.* 欺騙；作弊

    (D) decide ﹝ dɪ'saɪd ﹞ *v.* 決定

    * ***movie star*** 電影明星　　public ﹝ 'pʌblɪk ﹞ *adj.* 公開的；公共的

3. (**B**) 法蘭克對於他有多重很<u>敏感</u>。不要提到任何關於他的體重的事。

    (A) eager ﹝ 'igɚ ﹞ *adj.* 渴望的

    (B) ***sensitive*** ﹝ 'sɛnsətɪv ﹞ *adj.* 敏感的

    (C) clever ﹝ 'klɛvɚ ﹞ *adj.* 聰明的

    (D) hard-working ﹝ 'hɑrd'wɝkɪŋ ﹞ *adj.* 努力工作的；勤勉的

    * heavy ﹝ 'hɛvɪ ﹞ *adj.* 重的　　mention ﹝ 'mɛnʃən ﹞ *v.* 提到
    weight ﹝ wet ﹞ *n.* 體重

4. (**D**) A: 我可以和舒先生通話嗎？

B: 舒先生不在這裡；他在開會。您要留言嗎？

(A) outside〔'aʊt'saɪd〕n. 外面【不可數名詞，不能加 a】

(B) building〔'bɪldɪŋ〕n. 建築物

(C) Internet〔'ɪntə,nɛt〕n. 網際網路

(D) *meeting*〔'mitɪŋ〕n. 會議

* message〔'mɛsɪdʒ〕n. 訊息　　*leave a message* 留言

5. (**B**) 向觀眾解釋了一些事情之後，經理就把我獨自留在舞台上。

兩個過去的動作，先發生者用「過去完成式」，後發生者用「過去簡單式」，在此「解釋」的動作先發生，應用過去完成式，而改成分詞構句則成為 *Having explained*，故選 (B)。

* explain〔ɪk'splen〕v. 解釋　　audience〔'ɔdɪəns〕n. 觀眾
  manager〔'mænɪdʒə〕n. 經理　　leave〔liv〕v. 留下
  stage〔stedʒ〕n. 舞台　　alone〔ə'lon〕adv. 獨自地

6. (**D**) A: 他們似乎沒有接電話。

B: 沒有人在家，是嗎？

在 There isn't… 的句子中，句尾的附加問句應用 *is there?*，故選 (D)。

* seem〔sim〕v. 似乎　　*answer the phone* 接電話

7. (**C**) 上星期，一場地震侵襲義大利，摧毀了一個鎮，造成數百人死亡。

表示災難「侵襲」某地，動詞為 hit 或 strike，及物不及物用法都可以，若要用「發生」，則為不及物動詞，要用 happen in… 或 occur in…，故本題選 (C) *hit*。

* earthquake〔'ɝθ,kwek〕n. 地震　　destroy〔dɪ'strɔɪ〕v. 摧毀
  cause〔kɔz〕v. 導致；造成　　*hundreds of* 數百
  death〔dɛθ〕n. 死亡

8. (**D**) 王女士教書已經二十多年；她是這裡非常<u>有經驗的</u>老師。

    (A) sentimental〔͵sɛntə'mɛntḷ〕*adj.* 多愁善感的

    (B) lonely〔'lonlɪ〕*adj.* 孤獨的；寂寞的

    (C) elegant〔'ɛləgənt〕*adj.* 優雅的

    (D) *experienced*〔ɪk'spɪrɪənst〕*adj.* 有經驗的

9. (**D**) 抬頭看著天空，<u>我看到太陽跑到雲後面</u>。

    前句為分詞構句，沒有主詞，表示主詞與後句相同，所以省略，「抬頭看天」主詞應是 I，故 (A)、(C) 不合；而我看到太陽「跑到」雲後面，為主動，感官動詞 saw 接受詞之後，主動要用原形動詞，故本題選 (D) *I saw the sun go behind a cloud*。

    * *look up at* 抬頭看著　　　cloud〔klaʊd〕*n.* 雲

10. (**A**) <u>萬一</u>他失敗了，我會覺得很遺憾。

    依句意選 (A) *should*，在此做「萬一」解，表示不太可能發生的情況。

11. (**B**) 如果麥克<u>畫了</u>那幅圖，他會把他的名字簽上去。

    從後句的時態 would have p.p. 可知，本句為「與過去事實相反的假設語氣」，if 子句要用過去完成式，選 (B) *had painted*。

    * paint〔pent〕*v.* 畫畫　　picture〔'pɪktʃə〕*n.* 圖畫
    sign〔saɪn〕*v.* 簽名

12. (**B**) 去幫忙你的小弟。那個箱子對小男孩而言，太重了<u>搬不動</u>。

    「too~for sb. to V」為「對某人而言，太～而不…」之意，不定詞已有意義上的受詞 That box，不可再接文法上的受詞，故本題選 (B) *to carry*。

    * heavy〔'hɛvɪ〕*adj.* 重的

13. (**A**) 所有一切都會因為時間而變得不同。

　　　本句主動形式為：Time makes everything different.，使役動詞 makes 接受詞 everything 後，接 different 做受詞補語。而使役動詞改成被動，受詞變成主詞，受詞補語則變成主詞補語，選 (A) *different*。

14. (**C**) 她不知道如何操作這台電腦，我也不知道。

　　　表示否定的「也不」，用 nor，前句的助動詞為 does，而後句的主詞是 I，故助動詞用 do，而且要倒裝，選 (C) *nor do I*。

　　　* operate〔'ɑpə,ret〕*v.* 操作

15. (**A**) 在瑪莉看來，這個奶油聞起來有點壞掉了。

　　　smell「聞起來」後面要接形容詞，做主詞補語，選 (A) *bad*。

　　　* seem〔sim〕*v.* 似乎　　butter〔'bʌtə〕*n.* 奶油
　　　　smell〔smɛl〕*v.* 聞起來　　somewhat〔'sʌm,hwɑt〕*adv.* 有點

第二部分：題組（第 16-41 題，共 26 題）

（16～17）

　　　請看下列的廣告，回答以下的問題：

襯衫專賣店
來自歐洲的新品！

襯衫：有圖案的

來　源	質　料	顏　色	尺寸	價格 ($)
義大利	絲	白色/藍色	L/M/S	70～80
法　國	棉	紅色/黃色	M/S	65～75

英　　國	羊毛	綠色/黑色	L/M	90～95
德　　國	棉	黑色/棕色	XL/L	55～60

我們所有的襯衫都歡迎郵購，我們也歡迎以信用卡購物。郵寄或包裝免費。

電話：2788-1997

【註釋】

following ('falouŋ) adj. 下列的
advertisement (ˌædvɚ'taɪzmənt) n. 廣告
below (bə'lo) adv. 在下　　arrival (ə'raɪvl̩) n. 到達之物
Europe ('jurəp) n. 歐洲　　patterned ('pætɚnd) adj. 有圖案的
material (mə'tɪrɪəl) n. 材料　　price (praɪs) n. 價格
Italy ('ɪtl̩ɪ) n. 義大利　　silk (sɪlk) n. 絲
France (fræns) n. 法國　　cotton ('katn̩) n. 棉花
England ('ɪŋglənd) n. 英國　　wool (wul) n. 羊毛
Germany ('dʒɝmənɪ) n. 德國　　welcome ('wɛlkəm) v. 歡迎
order ('ɔrdɚ) n., v. 訂購　　*mail order* 郵購
credit ('krɛdɪt) n. 信用　　*credit card* 信用卡
purchase ('pɝtʃəs) n. 購買　　charge (tʃardʒ) n. 收費
post (post) n. 郵寄　　packing ('pækɪŋ) n. 打包；包裝

16. (**B**) 這些襯衫來自何地？

　　(A) 英國。　　　　　　(B) 歐洲。
　　(C) 法國。　　　　　　(D) 義大利。

17. (**C**) 如果你是個又胖又高的人，你要買什麼襯衫？

　　(A) 英國製的。　　　　(B) 法國製的。
　　(C) 德國製的。　　　　(D) 義大利製的。

（18～19）

這個圖表是關於國中生的零用錢狀況。請根據圖表回答下列的問題。

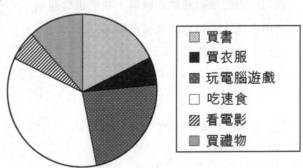

圖例：
- ▨ 買書
- ■ 買衣服
- ▦ 玩電腦遊戲
- □ 吃速食
- ▧ 看電影
- ▩ 買禮物

【註釋】

chart〔tʃɑrt〕n. 圖表　　pocket〔'pɑkɪt〕n. 口袋
pocket money 零用錢　　junior〔'dʒunjɚ〕adj. 年少的
based on 根據　　present〔'prɛzn̩t〕n. 禮物

18. (**B**) 一般而言，大部分國中生花比較多的錢在下面哪一種類？

    (A) 表演的門票。　　　　　　(B) 閱讀的材料。

    (C) 穿的衣服。　　　　　　　(D) 送給別人的禮物。

    * *in general* 一般而言　　category〔'kætə,gorɪ〕n. 種類

19. (**D**) 學生花最少的錢在哪兩個種類上？

    (A) 麥當勞和電影票。　　　　(B) 衣服和禮物。

    (C) 書和電腦遊戲。　　　　　(D) 電影票和衣服。

    * least〔list〕adj. 最少的　　amount〔ə'maʊnt〕n. 量

（20～22）

高空跳傘節

你曾經夢想過在空中飛行嗎？高空跳傘可能是你的選擇之一。

<u>雙人跳傘</u>是高空跳傘的方式之一，大部分的人第一次跳都選擇這個方式，也就是和指導員綁在一起跳出飛機。這不太需要訓練，你只要「放鬆、享受」即可，高空跳傘技術性的部分，全部都由指導員來處理。以下是一些步驟，幫助你好好享受高空跳傘：

專注：在跳傘之前，你要上一堂短短的課，認識你的指導員；這有助於讓你更加享受你的跳傘。他們會幫你穿上一套裝備，和指導員連結在一起。

登機跳傘：在到達跳傘的高度（9,500 和 17,500 英呎間）之前，指導員會把你的降落傘背帶和他的扣在一起。一切都準備好之後，指導員就會帶領你跳傘。

好好享受！享受每小時 120 哩墜落的感覺，享受像鳥一樣自由的感覺。這種感覺好像你正在飄浮，但速度告訴你你正在墜落。

享受景觀：一旦指導員把降落傘打開，你就可以在 5,000 英呎的高空，享受 360 度美麗的地球景觀。你的指導員可能會在此時，把降落傘的背帶鬆開，讓你舒服一點。別擔心，他不會讓你掉下去的。

安全降落：再一次，仔細聽你的指導員說明如何降落。降落時，你有時可以站起來；有時你可以輕鬆地滑行，這取決於很多因素。現在，藉由結合世界級的高空跳傘員，以及非常棒的飛機，我們邀請你來，和我們體驗一下高空跳傘。

飛行愛好者主辦「第二屆高空跳傘節」，日期從 2020 年 7 月 27 日到 10 月 5 日。

我們很驕傲邀請我們的貴賓：東尼·史塔、安娜·修斯頓，以及 KK 布朗。

把你的計畫付諸行動吧：請將電子郵件寄至：**flyinglover@ggmail.com.** 我們會把很多活動資訊寄至你的電子郵箱。來和我們一起高飛吧！

【註釋】

diving (ˈdaɪvɪŋ) n. 潛水；跳水

skydive (ˈskaɪˌdaɪv) v., n. 高空跳傘　　festival (ˈfɛstəvl̩) n. 節慶

dream of 夢想　　choice (tʃɔɪs) n. 選擇

tandem (ˈtændəm) adj. 前後連座的；二人協力的

involve (ɪnˈvɑlv) v. 包含　　attach (əˈtætʃ) v. 繫上；連結 < to >

instructor (ɪnˈstrʌktɚ) n. 指導者　　require (rɪˈkwaɪr) v. 需要

training (ˈtrenɪŋ) n. 訓練　　*sit back* 靠後坐；放鬆

ride (raɪd) n. 搭乘；乘坐　　*deal with* 處理；應付

technical (ˈtɛknɪkl̩) adj. 技術的　　step (stɛp) n. 步驟

pay attention 注意；專心　　fit (fɪt) v. 安裝；使穿上

suit (sut) n. 成套的服裝　　connect (kəˈnɛkt) v. 連結

board (bord) v. 登上　　reach (ritʃ) v. 到達

altitude (ˈæltəˌtjud) n. 海拔；高度　　clip (klɪp) v. 別上；夾住

harness (ˈharnɪs) n. 馬具；(降落傘的) 背帶

prepared (prɪˈpɛrd) adj. 準備好的　　lead (lid) v. 帶領

feel like 感覺像　　float (flot) v. 漂浮；飄浮

speed (spid) n. 速度　　deploy (dɪˈplɔɪ) v. 部署；使用

parachute (ˈpærəˌʃut) n. 降落傘　　degree (dɪˈgri) n. 度數

view (vju) n. 視野；景觀　　loosen (ˈlusn̩) v. 鬆開

point (pɔɪnt) n. 時刻　　comfort (ˈkʌmfɚt) n. 舒適

land〔lænd〕v. 降落　　***once again*** 再一次
slide〔slaɪd〕v. 滑行　　softly〔'sɔftlɪ〕adv. 輕輕地
depend on 取決於；視～而定　　factor〔'fæktɚ〕n. 因素
combine〔kəm'baɪn〕v. 結合　　***world-class*** adj. 世界級的
perfectly〔'pɝfɪktlɪ〕adv. 完美地；非常地　　invite〔ɪn'vaɪt〕v. 邀請
experience〔ɪk'spɪrɪəns〕v. 體驗；經歷　　host〔host〕v. 主辦
proud〔praʊd〕adj. 驕傲的；自豪的　　***special guest*** 特別來賓
action〔'ækʃən〕n. 行動　　***put～into action*** 付諸行動
plenty〔'plɛntɪ〕n. 豐富　　***plenty of*** 很多的
activity〔æk'tɪvətɪ〕n. 活動

20. (**C**) 你會在報紙的什麼版面讀到這則文章？

  (A) 藝術版。   (B) 商業版。

  (C) <u>體育版。</u>   (D) 健康版。

21. (**B**) 哪一張圖顯示出<u>雙人</u>跳傘？

  (A)   (B)

  (C)   (D)

22. (**A**) 根據本文，在高空跳傘節期間，你不能做什麼？

  (A) <u>你可以在 6 月 5 日參加這次節慶。</u>

  (B) 你可以在 5,000 英呎的高空，享受 360 度的景觀。

  (C) 你可以看到特別來賓。

  (D) 你在跳傘之前會先上課。

（23～24）

運動俱樂部

（每週二晚上 6:30~8:30）

每週二在我們自己的俱樂部裡

打籃球和排球。

你不必支付任何費用

——全部免費！

只要出現來打球！

我們也將提供所有的運動器材。

你必須帶的是：跑步鞋、

要更換的衣服，以及良好的運動態度。

這是很好的方式，可以認識新朋友，學習新技巧。

每個人都受邀：女孩、男孩、初學者和行家都可以來！

免費！

愛德華國王公立學校
請看下方地圖！

北
↑

工廠	超級市場	書店	公園

第 一 街　　春天街

公車站	警察局	銀行

第 二 街

醫院	鞋店	愛德華國王公立學校

【註釋】

club〔klʌb〕*n.* 俱樂部　　volleyball〔'vɑlɪ,bɔl〕*n.* 排球
pay for** sth.* 支付～的費用　　***show up 出現
provide〔prə'vaɪd〕*v.* 提供　　equipment〔ɪ'kwɪpmənt〕*n.* 裝備
running shoes 跑步鞋　　sporting〔'spɔrtɪŋ〕*adj.* 愛好運動的
attitude〔'ætə,tjud〕*n.* 態度　　skill〔skɪl〕*n.* 技巧
beginner〔bɪ'gɪnɚ〕*n.* 初學者　　expert〔'ɛkspɝt〕*n.* 專家；行家
public〔'pʌblɪk〕*adj.* 公立的　　map〔mæp〕*n.* 地圖
below〔bə'lo〕*adv.* 在下面　　factory〔'fæktrɪ〕*n.* 工廠

23. (**A**) 從公車站的大門出發，沿著第一街直直走，＿＿＿＿＿＿＿＿。
　　在路的盡頭，你就可以找到愛德華國王公立學校。俱樂部就在
　　裡面。

　　(A) 在右邊第三個路口轉彎
　　(B) 在左邊第二個路口轉彎
　　(C) 在右邊第一個路口轉彎
　　(D) 在左邊第三個路口轉彎

　　* gate〔get〕*n.* 大門　　straight〔stret〕*adv.* 直直地
　　　along〔ə'lɔŋ〕*prep.* 沿著　　end〔ɛnd〕*n.* 盡頭

24. (**B**) 當你在運動俱樂部裡進行競賽時，

　　(A) 你必須先買票。
　　(B) 你應該生氣蓬勃，表現出運動家精神。
　　(C) 我們會提供跑步鞋和運動服。
　　(D) 你應該要帶籃球和排球。

　　* spirited〔'spɪrɪtɪd〕*adj.* 生氣蓬勃的
　　　sportsmanship〔'sportsmən,ʃɪp〕*n.* 運動家精神

（25～26）

嗨，麗茲：

　　我待在泰國這段時間，是我人生中最棒的經驗。這裡的生活很忙碌、很刺激。曼谷就像世界上其他許多大都市一樣，面臨著交通繁忙的大問題。我很幸運，因為我的寄宿家庭住在都市外圍，一個安靜的區域。家裡有索佛帕尼克先生太太、他們18歲的兒子，查崔，和他們16歲的女兒，克拉達。

　　我每天和查崔、克拉達一起去上一所國際學校。這所學校百分之70用英語教學，百分之30用泰語教學。我已經學會說一點泰語，但是泰文書寫很糟。烹飪課是我的最愛。我正在學習關於泰國料理和文化的一切。這裡的人不用筷子，而是用湯匙和叉子。等我回家，我就為你們煮一頓真正的泰國餐。

　　泰國的一切都使我驚訝，特別是大象。大象是泰國的生活方式中，很重要的一部分。牠們多年來一直是泰國的象徵。在西元七世紀，一位泰國國王還訓練了二萬隻大象來戰鬥。

　　嘿，我得走了。我的泰拳課時間到了，但是我很快會寄電子郵件給你的。

莉莉

【註釋】

stay〔ste〕*n.* 停留　　Thailand〔'taɪlənd〕*n.* 泰國

experience〔ɪk'spɪrɪəns〕*n.* 經驗

exciting〔ɪk'saɪtɪŋ〕*adj.* 刺激的

Bangkok〔'bæŋkɑk〕*n.* 曼谷　　face〔fes〕*v.* 面臨；面對

heavy〔'hɛvɪ〕*adj.* 繁忙的　　traffic〔'træfɪk〕*n.* 交通

lucky〔'lʌkɪ〕*adj.* 幸運的　　host〔host〕*adj.* 主人的

host family 寄宿家庭　　quiet〔'kwaɪət〕*adj.* 安靜的

area〔'ɛrɪə〕*n.* 區域　　international〔͵ɪntɚ'næʃənḷ〕*adj.* 國際的

Thai〔taɪ〕*n.* 泰語　*adj.* 泰語/國的　　writing〔'raɪtɪŋ〕*n.* 書寫

culture〔'kʌltʃɚ〕*n.* 文化　　chopsticks〔'tʃɑp͵stɪks〕*n., pl.* 筷子

spoon〔spun〕*n.* 湯匙　　fork〔fɔrk〕*n.* 叉子

meal〔mil〕*n.* 一餐　　especially〔ə'spɛʃəlɪ〕*adv.* 特別地

symbol〔'sɪmbḷ〕*n.* 象徵　　century〔'sɛntʃərɪ〕*n.* 世紀

train〔tren〕*v.* 訓練　　battle〔'bætḷ〕*n.* 戰鬥；作戰

boxing〔'bɑksɪŋ〕*n.* 拳擊　　*Thai boxing* 泰拳

25. (**C**) 這封電子郵件裡沒有提到什麼？

　　(A) 烹飪是莉莉最喜歡的課程。

　　(B) 查崔和克拉達住在一個安靜的地區。

　　(C) <u>騎大象很刺激。</u>

　　(D) 泰國人使用湯匙和叉子。

　　* mention〔'mɛnʃən〕*v.* 提到　　ride〔raɪd〕*v.* 騎乘

26. (**B**) 從這封電子郵件，我們得知什麼事？

　　(A) 國王是泰國的象徵。

　　(B) <u>曼谷的交通很繁忙。</u>

　　(C) 泰國的大象被訓練來戰鬥。

　　(D) 寫泰文比說泰語容易。

　　* sign〔saɪn〕*n.* 符號；象徵

（27～29）

> 我今天本來打算要工作的。
>
> 但是有一隻小鳥在蘋果樹上唱歌，
>
> 有一隻蝴蝶飛過原野，
>
> 所有的葉子都在呼喚我。
>
> 風兒飛越大地歌唱著，
>
> 來回搖晃著草原。
>
> 彩虹伸出他閃亮的手。
>
> 所以我除了笑著過去之外能做什麼呢？

【註釋】

mean〔min〕v. 有意；打算　　butterfly〔ˈbʌtəˌflaɪ〕n. 蝴蝶

fly〔flaɪ〕v. 飛【三態變化為 fly-flew-flown】

across〔əˈkrɔs〕prep. 越過　　field〔fild〕n. 原野

leaf〔lif〕n. 葉子【複數為 leaves】

wind〔wɪnd〕n. 風　　land〔lænd〕n. 土地

shake〔ʃek〕v. 搖動【三態變化為 shake-shook-shaken】

grass〔græs〕n. 草地　　***back and forth*** 來回地

rainbow〔ˈrenˌbo〕n. 彩虹　　***hold out*** 伸出（手）

shining〔ˈʃaɪnɪŋ〕adj. 發光的　　but〔bʌt〕prep. 除了

27. (**B**) 詩人沒有談到什麼？

    (A) 小鳥的唱歌。　　　(B) 閃亮的太陽。

    (C) 葉子。　　　　　　(D) 彩虹。

    * poet〔'po‧ɪt〕*n.* 詩人

28. (**D**) 詩人為什麼沒有做他的工作？

    (A) 因為他太懶惰了。　　(B) 他很傷心。

    (C) 太吵了。　　　　　　(D) 大自然的呼喚很強烈。

    * lazy〔'lezɪ〕*adj.* 懶惰的　　sad〔sæd〕*adj.* 悲傷的
    noisy〔'nɔɪzɪ〕*adj.* 吵鬧的　　call〔kɔl〕*n.* 呼喚
    nature〔'netʃɚ〕*n.* 自然

29. (**C**) 詩人很 _____。

    (A) 友善。　　　　　　(B) 飢餓。

    (C) 高興。　　　　　　(D) 生氣。

    * friendly〔'frɛndlɪ〕*adj.* 友善的
    hungry〔'hʌŋgrɪ〕*adj.* 飢餓的

（30～33）

用法：

＊ 將卡片放在門上靠近感應區的地方，直到綠燈亮起。然後就
可以開門了。

注意：

＊ 請隨身攜帶本卡。如果您迷路了，它就可以派上用場。

＊ 如果本卡在您住房期間遺失，請致電我們的服務中心。

＊ 當您結帳退房時，請將卡片交還給服務中心。

【註釋】

usage〔'jusɪdʒ〕*n.* 用法　　close〔klos〕*adj.* 靠近的 < *to* >
response〔rɪ'spans〕*n.* 反應　　zone〔zon〕*n.* 區域
green light 綠燈　　on〔ɑn〕*adv.* 開著
notice〔'notɪs〕*n.* 注意　　***be of help*** 有幫助 (= *be helpful*)
get lost 迷路　　service〔'sɜvɪs〕*n.* 服務
center〔'sɛntɚ〕*n.* 中心　　***check out*** 結帳退房

30.(**D**) 如果張先生迷路了，他可以 _____ 。

　　(A) 搭乘 507 號公車回飯店

　　(B) 等到燈號變成綠色

　　(C) 回到飯店搜尋網路

　　(D) 撥打卡片上的電話號碼給飯店

　　＊ search〔sɜtʃ〕*v.* 搜尋

31.(**A**) 飯店 _____ 。

　　(A) 在國王街上，靠近銀行。　　(B) 在博物館旁邊。

(C) 靠近火車站。　　　　　(D) 在喬治街上。

* ***next to*** 在～旁邊　　museum〔`mju'ziəm`〕*n.* 博物館

32. (**B**) 有 _____ 公車可以到達飯店。

(A) 二班　　　　　　　　(B) 三班

(C) 四班　　　　　　　　(D) 五班

* reach〔`ritʃ`〕*v.* 到達

33. (**B**) 下列何者正確？

(A) 在紅燈亮時把門打開。

(B) 這張卡片可以被用來開門。

(C) 這張卡片可以被用來買東西。

(D) 張先生結帳退房時可以保留這張卡片。

(34～37)

— 2019 年 6 月 17 日 —

嗨，我有一個問題，也許你可以回答。我很難專心，而那是一件
　　　　　　　　　　　　　　　　　　34
壞事。每當我要讀一篇文章或一本書時，我的頭腦就開始遊移，

然後我最後就是，同樣的句子連續讀了 50 遍或什麼的。幾乎好

像是，我不能再讀書了。當別人在和我說話時，我也很難專心。

我的頭腦就是會遊移，我不知道人們都說我些什麼。請幫幫我，
　　　　　　　　　　　　　　　　35
我想要再次享受閱讀。

——匿名者，14 歲

親愛的匿名者：

這對你而言，聽起來像是個新問題，因為你特別提到你「想要再
次享受閱讀」。或許你正在擔心某件事情，所以你的頭腦才會一
　　36
直神遊到特別的問題上。又或者是你正在讀或聽的事情很無聊，
使你很難專注在那本書或那段會話上。試著找一本有趣、刺激、
步調快的書，看看那是否可以保持住你的興趣。如果這個問題存
在已久，那你可能要考慮找爸媽、醫生，或能夠幫助你找出問題
　　　　　　　　　　　　　　　　　　　　　　　　　　　37
根源的人談談，幫助你採取特定的行動來解決問題。

幫忙博士

【註釋】

article〔'artɪkḷ〕n. 文章　　mind〔maɪnd〕n. 頭腦
wander〔'wandə〕v. 遊蕩；遊移　　*end up V-ing* 最後
row〔ro〕n. 排；列　　*in a row* 成一排；連續地
or something …或什麼的　　almost〔'ɔl,most〕adv. 幾乎
as if 好像；彷彿　　*not…anymore* 不再
focus〔'fokəs〕v. 專注　　*would like to V* 想要
anonymous〔ə'nɑnəməs〕adj. 匿名的
note〔not〕v. 特別提到　　maybe〔'mebi〕adv. 也許
worried〔'wɝɪd〕adj. 擔心的　　issue〔'ɪʃu〕n. 問題
perhaps〔pə'hæps〕adv. 或許　　boring〔'borɪŋ〕adj. 無聊的
concentrate〔'kɑnsṇ,tret〕v. 專心
conversation〔,kɑnvə'seʃən〕n. 會話
exciting〔ɪk'saɪtɪŋ〕adj. 令人興奮的；刺激的
pace〔pes〕n. 步調　　fast-paced adj. 步調很快的
hold〔hold〕v. 保留；保持住　　interest〔'ɪntrɪst〕n. 興趣

around〔əˈraʊnd〕*adj.* 存在的　　consider〔kənˈsɪdə〕*v.* 考慮
specific〔spɪˈsɪfɪk〕*adj.* 特定的　　action〔ˈækʃən〕*n.* 行動
take action 採取行動　　fix〔fɪks〕*v.* 修理；解決

34. (**A**) (A) 很難專心　　　　　　　(B) 想要找女朋友
　　　　　(C) 有寫作的問題　　　　　　(D) 和我的父母大吵一架
　　　　　　 * ***have a hard time V-ing*** 做某事有困難
　　　　　　　 fight〔faɪt〕*n., v.* 吵架

35. (**D**) (A) 如何完成我的作業　　　　(B) 如何結交新的朋友
　　　　　(C) 要和誰談　　　　　　　　(D) 人們都說我些什麼
　　　　　　 * ***make friends*** 交朋友

36. (**B**) (A) 眞的想要上課專心　　　　(B) 想要再次享受閱讀
　　　　　(C) 連續讀同樣的句子 50 遍　(D) 找不到一本好書
　　　　　　 * ***in class*** 上課時；課堂上

37. (**D**) (A) 能夠餵你吃藥的人
　　　　　(B) 能夠帶你去醫院的人
　　　　　(C) 能夠一直和你說話的人
　　　　　(D) 能夠幫助你找出問題根源的人
　　　　　　 * feed〔fid〕*v.* 餵食　　***all the time*** 一直；總是
　　　　　　　 root〔rut〕*n.* 根；根源

(38~41)

莎拉昨天很難過，因爲她弄丟了她的手錶。她花了一整
天的時間在找手錶。莎拉的媽媽來幫她。她要莎拉不要慌。
　　　　　　38　　　　　　　　　　　　　　　　　39
最後，她看到床底下有個東西。她指出來問莎拉：「那是妳
　　　　　　　　　　　　　40

的錶嗎？」莎拉看到她遺失的錶，在地板角落裡，非常興奮。莎拉把錶撿起來<u>戴上</u>。她很感謝她媽媽的幫忙。

41

【註釋】

sad〔sæd〕*adj.* 難過的　　whole〔hol〕*adj.* 整個的
excited〔ɪkˋsaɪtɪd〕*adj.* 感到興奮的　　corner〔ˋkɔrnɚ〕*n.* 角落
floor〔flor〕*n.* 地板　　***pick up*** 撿起來

38. (**B**) 花費動詞 spent 要以人為主詞，受詞為時間或錢，受詞後動詞要用動名詞，而 look for「尋找」是不可分的動詞片語，即使受詞是代名詞，還是接在片語後面，故本題選 (B) ***looking for it***。

39. (**C**) 「要求某人做某事」要用 ask sb. to V，而「要求某人不要做某事」則是 ask sb. not to V，故選 (C) ***not to panic***。
panic〔ˋpænɪk〕*v.* 驚慌

40. (**A**) 事情發生在昨天，用過去式，point out「指出」是可以分的動詞片語，受詞是代名詞，要放在片語中間，故選 (A) ***pointed it out***。而 (C) point at「指著」和 (D) point to「指向」，均是不可分的動詞片語，受詞 it 不能放中間，用法錯誤。

41. (**C**) 依句意是把錶「戴上」，用 put on，而 put on 是可以分的動詞片語，受詞 it 要放中間，選 (C) ***put it on***。而 (A) take on「雇用；承擔」和 (B) turn on「打開」，也都是可以分的動詞片語，受詞 it 要放中間，且時態應用過去式，所以句意、文法均不合。

聽力測驗（第 1-21 題，共 21 題）

第一部分：辨識句意（第 1-3 題，共 3 題）

1. (**B**) (A)  (B)  (C)

I take a shower and wash my hair.
我淋浴並洗頭髮。

* shower〔ˈʃaʊɚ〕*n.* 陣雨；淋浴

2. (**B**) (A)  (B)  (C)

It's terrible weather, isn't it? 天氣很糟糕，不是嗎？

* terrible〔ˈtɛrəbḷ〕*adj.* 糟糕的

3. (**A**) (A)  (B)  (C)

What a beautiful jacket you're wearing!
妳穿的這件夾克真漂亮！

* jacket〔ˈdʒækɪt〕*n.* 夾克

第二部分：基本問答（第 4-10 題，共 7 題）

4. (**C**) How long have you known Tom? 你認識湯姆多久了？

    (A) I didn't know him. 我不認識他。

    (B) How do you know? 你怎麼知道？

    (C) I've known him for about two years.
    <u>我認識他大約兩年了。</u>

5. (**A**) What did the girl steal? 這個女孩偷了什麼東西？

    (A) She stole her father's wallet. <u>她偷了她爸爸的皮夾。</u>

    (B) She still sat there. 她還坐在那裡。

    (C) She rode a bike. 她騎著腳踏車。

    * steal〔stil〕v. 偷　　wallet〔'wɑlɪt〕n. 皮夾

6. (**A**) If you need anything, just ask me.
    如果你需要任何東西，問我就好了。

    (A) Thanks so much. <u>非常謝謝。</u>

    (B) How about you? 那你呢？

    (C) I know. Really great. 我知道。真的很棒。

7. (**C**) Do you have change for a one hundred dollar bill?
    我可以請你把一百元紙鈔換成零錢嗎？

    (A) Sure, here are you. 當然，這裡是你。
    【應用 Here you are. 你要的東西在這裡；拿去。】

    (B) Sure, where are the bills? 當然，紙鈔在哪裡？

    (C) Sure, give it to me. <u>當然可以，紙鈔給我。</u>

    * change〔tʃendʒ〕n. 零錢　　bill〔bɪl〕n. 紙鈔

8. (**C**) Can you show me the way to the Grand bookstore?
    你可以告訴我宏大書局在哪裡嗎？

(A) I often go there in my free time.

我空閒的時候經常去那裡。

(B) I like the coffee and cake there.

我喜歡那裡的咖啡和蛋糕。

(C) Turn right at the next traffic light. 下一個紅綠燈右轉。

* grand〔grænd〕adj. 盛大的　bookstore〔'buk,stor〕n. 書店
traffic light 交通號誌燈；紅綠燈

9. (**B**) Why did he open the door? 他為什麼要開門？

(A) So he closes the windows. 所以他把窗戶關上。

(B) Because he wanted to go to the kitchen.

因為他要去廚房。

(C) Yes, he did. 是的，他做了。

10. (**C**) Did you have a nice night? 你們晚上過得愉快嗎？

(A) Yes, wonderful, isn't it? 是的，很棒，不是嗎？

(B) No, I missed it. 不，我錯過了。

(C) Yes, we had a great time. 是的，我們玩得很愉快。

* miss〔mɪs〕v. 錯過；想念　**have a great time** 玩得很愉快

第三部分：言談理解（第 11-21 題，共 11 題）

11. (**C**) Young children love picture stories. They are interested
in looking at the pictures in the books when their parents
read to them. They also love asking questions when they
don't understand something. And even if they have heard
the stories many times, they don't seem to feel bored.

小孩子喜歡圖畫故事。當他們的父母讀故事給他們聽時，他們會
很有興趣地看著書裡的圖畫。他們不懂某些事情時，也很喜歡問
問題。即使他們聽過這些故事許多遍了，他們似乎都不會厭煩。

Question：What should parents do? 父母親應該做什麼？

(A) Ask their children questions. 問他們的小孩問題。

(B) Teach their children to read. 教他們的小孩閱讀。

(C) Read picture stories to their children.

　　讀圖畫故事給他們的小孩聽。

picture〔ˈpɪktʃɚ〕n. 圖畫
bored〔bord〕adj. 無聊的；厭煩的

12.(**B**) M：Mom, why are there many dark blue dots on the
　　　　　　　 bread?

男：媽媽，爲什麼麵包上有許多深藍色的點點？

W：Oh, no. The bread has already gone bad.

女：噢，不。這麵包已經壞掉了。

M：But why do people in Italy enjoy blue cheese so
　　 much?

男：但是爲什麼義大利人這麼喜歡藍起司？

W：Well… It may be good to have dots on cheese, but
　　 you may get sick if you eat this bread.

女：嗯，起司上面有藍點也許可以，但是這個麵包你如果吃了，
　　 可能會生病喔。

Question：What is true about the bread?

　　　　　　有關這個麵包何者正確？

(A) Eating the bread may make people become healthy.

　　吃這個麵包可以使人變健康。

(B) You may get sick if you eat the bread.

　　如果你吃了這個麵包可能會生病。

(C) It is good to have dark dots on the bread.

　　麵包上有深色的點是很好的。

* dot〔dɑt〕n. 點　　***go bad*** 變壞；壞掉

blue cheese 藍起司【起司的一種，特點是以青黴菌發酵而成，
使其表面有一些藍色的斑紋】

13. (**B**) M : Mom, have you seen the dog?

男：媽媽，妳有看到小狗嗎？

W : Isn't it in the living room?

女：牠沒有在客廳嗎？

M : No, and I don't see it here in the kitchen.

男：沒有，而且廚房這裡我也沒看見。

W : Oh, here it is—under the table.

女：噢，在這裡——桌子下面。

M : Now let's take him to take a bath in the bathroom.

男：現在，我們帶牠去浴室洗澡吧。

Question : Where did the woman find the dog?

這位女士在哪裡找到小狗？

(A) In the living room. 在客廳。

(B) In the kitchen. 在廚房。

(C) In the bathroom. 在浴室。

* bath〔bæθ〕*n.* 沐浴；洗澡　　***take a bath*** 洗澡
bathroom〔'bæθˌrum〕*n.* 浴室

14. (**B**) W : You look down, Mike. What's the matter?

女：麥克，你看起來很消沈。有什麼事情嗎？

M : Nothing. I don't want to talk about it.

男：沒事。我不想談這件事。

W : Come on. What's up?

女：說說看嘛。怎麼了？

Question : How does the man feel?

這位男士覺得如何？

(A) He is happy. 他很開心。

(B) He is sad.　<u>他很難過。</u>

(C) He looks up and down.　他上上下下地看。

* down〔daʊn〕*adj.* 消沈的　　***up and down*** 上下地；來回地

15. (**A**) W : So, the 17th won't work for you.　How about something the following week?

女：所以 17 號你不行。那隔週有時間嗎？

M : That would be the week of the 21st.　Let's see... I have time on Tuesday morning and Thursday evening.　Does either of those work for you?

男：那就是 21 號那一週了。我看看…我週二早上和週四傍晚有空。這兩個時間妳哪一個可以？

W : Tuesday doesn't; I'll be in Taichung.　Thursday, later in the evening would.　Say, 7:30?

女：週二不行；我人在台中。週四傍晚晚一點可以。7:30 如何？

M : OK, 7:30 Thursday.　Where?

男：好的，週四 7:30。在哪裡？

Question : Why can't the woman meet the man on Tuesday?

這位女士週二為什麼不能見這位男士？

(A) She has to go out of town.　<u>她要離開本市。</u>

(B) She has to work.　她必須工作。

(C) She has to meet the man.　她必須和這位男士見面。

* work〔wɜk〕*v.* 順利進行　　following〔ˈfɑloɪŋ〕*adj.* 其次的
either〔ˈiðɚ〕*pron.* 二者中任一　　later〔ˈletɚ〕*adv.* 較晚；稍後

16. (**A**) How to be a success?　This question sounds complicated but is actually simple.　If one can be determined and is willing to do anything, he/she is going to be special for sure.

如何成為一個成功者？這個問題聽起來很複雜，但其實很簡單。如果一個人能夠有決心，並且願意做任何事，他或她一定能夠有別於其他人。

Question : What is stressed in the paragraph?
這個段落裡強調什麼？

(A) Determination. 決心。

(B) Success. 成功。

(C) Simplicity. 簡單。

* success〔səkˈsɛs〕n. 成功；成功的人
sound〔saʊnd〕v. 聽起來
complicated〔ˈkɑmpləˌketɪd〕adj. 複雜的
actually〔ˈæktʃʊəlɪ〕adv. 實際上
determined〔dɪˈtɜmɪnd〕adj. 有決心的
willing〔ˈwɪlɪŋ〕adj. 願意的   *for sure* 必定；確實地
stress〔strɛs〕v. 強調   paragraph〔ˈpærəˌgræf〕n. 段落
determination〔dɪˌtɜməˈneʃən〕n. 決心
simplicity〔sɪmˈplɪsətɪ〕n. 簡單

17. (**A**) W : Wow, there are so many animals.

女：哇，那裡有好多動物。

M : And, they look so happy. They must have been taken good care of.

男：而且牠們看起來好快樂。牠們一定被照顧得很好。

W : I think we are happy, too. Your TV is so big, and the couch is comfortable as well. Thanks a lot for inviting me here.

女：我認為我們也很快樂。你的電視好大，沙發也很舒服。
非常謝謝你邀請我來這裡。

Question : Where are they? 他們在哪裡？

(A) Inside a house. 在房子裡。

(B) At a zoo. 在動物園。

(C) In a car. 在車子裡。

* must〔mʌst〕*aux.* 一定【表示肯定的推測】
take care of 照顧　　couch〔kaʊtʃ〕*n.* 沙發
comfortable〔'kʌmfətəbl̩〕*adj.* 舒服的
as well 也（＝*too*）【置於句尾】

18. (**C**) W：Have you done all your homework yet?

女：你所有的功課都做完了嗎？

M：No, there's too much! I've worked on it for two hours, but I still haven't finished it.

男：還沒，功課太多了！我已經做了兩小時，還沒完成。

Question：What relationship do they have?

他們是什麼關係？

(A) They are coworkers 他們是同事。

(B) They are teachers. 他們是老師。

(C) They are classmates. 他們是同班同學。

* relationship〔rɪ'leʃənˌʃɪp〕*n.* 關係
coworker〔ko'wɜkə〕*n.* 同事
classmate〔'klæsˌmet〕*n.* 同班同學

19. (**B**) W：Be careful when you wash the bowls and the plates. You don't want to break any of them, do you?

女：你洗這些碗和盤子要小心。你不想打破吧，是嗎？

M：Don't worry. Oops! I almost dropped one.

男：別擔心。哎喲！我差點掉了一個。

W：Let me help you.

女：讓我幫你吧。

M：Thank you.

男：謝謝妳。

Question : Which is true? 何者為真？

(A) The man is buying plates. 這位男士正在買盤子。

(B) The man is washing the dishes. 這位男士正在洗碗。

(C) The man is making dinner. 這位男士正在煮晚餐。

* bowl〔bol〕*n.* 碗　　plate〔plet〕*n.* 盤子

oops〔ups〕*interj.* 哎喲【表示驚慌、狼狽的叫聲】

drop〔drɑp〕*v.* 掉落　***wash the dishes*** 洗碗

20. (**A**) M : Excuse me. Miss Lin told me to meet her at her office. Can you tell me where her office is please?

男：對不起，林小姐叫我到她的辦公室找她。妳可以告訴我她的辦公室在哪裡？

W : Sure. You need to go up to the second floor. Her office is the second room on the right. Go through the door and her desk is the first one.

女：當然。你必須上二樓。她的辦公室在右手邊第二間。走進門，她的辦公桌是第一個。

M : I am sorry. I am new here. Where are the stairs?

男：很抱歉，我是新來的。樓梯在哪裡？

W : They're just over there, next to the toilet.

女：就在那邊，洗手間旁邊。

M : Oh, thank you very much.

男：噢，非常感謝。

Question : Where is Miss Lin's office?

林小姐的辦公室在哪裡？

(A) On the second floor. 在二樓。

(B) Next to the toilet. 在洗手間旁邊。

(C) Next to the stairs. 在樓梯旁邊。

* stair〔stɛr〕*n.* 樓梯　　toilet〔'tɔɪlɪt〕*n.* 洗手間

21. (**C**) W : I had a car accident last night.

女：我昨晚發生車禍了。

M : Did you get hurt?

男：妳受傷了嗎？

W : Yes, I think my left leg was broken.

女：是的，我想我的左腿骨折了。

M : That's too bad. I told you to be careful.

男：太糟糕了。我告訴過妳要小心的。

W : I was, but it just happened. And it was too late, so I just came back home.

女：我是啊，但意外就是發生了。而且太晚了，所以我剛回家。

M : You have to go to the hospital right now.

男：妳必須立刻去醫院。

Question : What happened to the woman?

這位女士發生了什麼事？

(A) She fell off her bicycle. 她從腳踏車上摔下來。

(B) She went to the doctor last night. 她昨晚去看醫生。

(C) She broke her leg. 她摔斷腿了。

* *get hurt* 受傷 *right now* 現在；立刻

TEST 8 詳解

閱讀測驗 (第 1-41 題，共 41 題)

第一部分：單題 (第 1-15 題，共 15 題)

1.(**A**) 請看此圖。保羅發生了什麼事？
   (A) 他的腿斷了。
   (B) 他變得又聾又瞎。
   (C) 他說謊而被處罰。
   (D) 他有很大的麻煩。
   * deaf〔dɛf〕*adj.* 聾的　blind〔blaɪnd〕*adj.* 瞎的
   tell a lie 說謊　punish〔ˈpʌnɪʃ〕*v.* 處罰
   trouble〔ˈtrʌbḷ〕*n.* 麻煩　***be in trouble*** 有麻煩

2.(**B**) 我要讓我的咖啡嚐起來甜一點，所以我放了兩包糖在裡面。
   make 是使役動詞，接受詞之後，受詞補語「嚐起來」為主動
   用法，要用原形動詞，故選 (B) *taste*。
   * taste〔test〕*v.* 嚐起來　sweet〔swit〕*adj.* 甜的
   packet〔ˈpækɪt〕*n.* 小包　sugar〔ˈʃʊgɚ〕*n.* 糖

3.(**A**) 如果你去公車站牌的途中，碰巧看到史密斯先生，告訴他史密斯
   太太正在找他，請他打電話給她。
   依句意，「告訴他」這件事，是祈使句的用法，要用原形動詞
   開頭，故選 (A) *tell him*。
   * ***happen to V*** 碰巧～　***on the way to***～　去～途中
   look for 尋找

4.(**A**) 金　：妳為什麼沒有在打包衣服？妳不是明天早上六點鐘要
   　　　出發嗎？
   辛蒂：不，班機被取消了。

(A) *pack*〔pæk〕*v.* 打包
(B) paint〔pent〕*v.* 油漆；繪畫
(C) collect〔kə'lɛkt〕*v.* 收集
(D) help〔hɛlp〕*v., n.* 幫忙
* flight〔flaɪt〕*n.* 班機　　cancel〔'kænsl̩〕*v.* 取消

5. (**A**) 不要和潔西卡交朋友。我前幾天聽到她說你的壞話。

heard 是感官動詞，接受詞之後，受詞補語「說壞話」為主動用法，可用原形動詞或動名詞，故選 (A) *speak*。

* *make friends with sb.* 和某人交朋友
speak ill of~ 說~壞話　　*the other day* 前幾天

6. (**C**) 這輛跑車值超過 25,000 美元；依照我現在的薪水，我負擔不起。

(A) offer〔'ɔfɚ〕*v., n.* 提供
(B) supply〔sə'plaɪ〕*v., n.* 提供
(C) *afford*〔ə'ford〕*v.* 負擔得起
(D) provide〔prə'vaɪd〕*v.* 提供

* *sports car* 跑車　　cost〔kɔst〕*v.* 值…錢
present〔'prɛznt̩〕*adj.* 現在的　　salary〔'sælərɪ〕*n.* 薪水

7. (**A**) 只有當你離開家時，你才會了解家有多麼甜蜜。

Only 引導副詞子句 when…home 置於句首時，後面句子要倒裝，故選 (A) *will you realize how sweet home is*。
(B) 你有多麼想念你的父母。【應改成 will you miss…】
(C) 你才會知道你的父母真的愛你。【應改成 will you know…】
(D) 然後你要寫信回家。

* realize〔'riə,laɪz〕*v.* 了解　　miss〔mɪs〕*v.* 想念

8. (**C**) 十三個人，包括公車司機，在這場嚴重的公車意外中喪生。

表示「包括…」可以用 including…、inclusive of…，以及…*included*，選 (C)。

(B) inclusive〔ɪn'klusɪv〕*adj.* 包括在內的

(D) inclusion〔ɪn'kluʒən〕*n.* 包含（物）

* ***be killed*** 喪生　　terrible〔'tɛrəbḷ〕*adj.* 嚴重的

9. (**A**) 這隻可愛的小狗試著要<u>吸引我們的目光</u>，因為牠想和我們玩。

(A) ***catch sb.'s eye*** 吸引某人的目光

(B) make a date 定一個約會

(C) take a bath 洗澡　　(D) get off 下車

10. (**B**) 儘管<u>知道</u>我住在那裡，他從來沒有來看過我。

Despite「儘管」是介系詞，後面要接動名詞作受詞，選 (B) ***knowing***。

11. (**C**) 媽媽東西看不清楚，所以她需要<u>一副眼鏡</u>。

(A) piece〔pis〕*n.* 一件　　(B) cup〔kʌp〕*n.* 杯子

(C) ***pair***〔pɛr〕*n.* 一副　　***a pair of glasses*** 一副眼鏡

(D) inspiration〔ˌɪnspə'reʃən〕*n.* 靈感；激勵

* clearly〔'klɪrlɪ〕*adv.* 清楚地　　glasses〔'ɡlæsɪz〕*n., pl.* 眼鏡

12. (**C**) <u>有</u>一名球員在外面雨中練習。

「There + be 動詞」表示「有」，後面名詞是單數，be 動詞就用單數，選 (C) ***is***。

* player〔'pleɚ〕*n.* 球員　　practice〔'præktɪs〕*v.* 練習

13. (**C**) 我想他正在仔細考慮，<u>不是嗎</u>？

附加問句要以主要思想的子句為準，不一定是主要子句，所以本句的附加問句應以後句為準，選 (C) ***isn't he***。

* suppose〔sə'poz〕*v.* 猜想；以為　　***think over*** 仔細考慮

14. (**D**) 我喜歡學習關於不同的<u>文化</u>。我有假期的時候，通常都會造訪其他國家。

(A) hobby〔'hɑbɪ〕n. 嗜好
(B) foreigner〔'fɔrɪnə〕n. 外國人
(C) business〔'bɪznɪs〕n. 商業；生意
(D) *culture*〔'kʌltʃə〕n. 文化

15. (**B**) 如果我們能活到 200 歲，我們就可以改變一切。

依句意，「如果我們能活到 200 歲」，但事實上不能，爲與未來事實相反的假設語氣，if 子句用 S + *were to* V...，選 (B)。

第二部分：題組（第 16-41 題，共 26 題）

（16~18）

> 　　張惠妹（阿妹）是非常受歡迎的歌手。但你認爲她生來就是要成爲超級巨星的嗎？事實上，在成爲卓越的歌手之前，她面臨過許多困難的事情。起初，認識她的人沒有現在這麼多。她參加了一個歌唱比賽。她希望能在比賽中成功，成爲有名的歌手。但她在最後一回合失敗了。她沒有放棄，再次回到比賽中。她終於得到第一名，成爲明星。因爲她的第一首歌，她很快成爲超級巨星。然而，你知道她在成爲超級巨星之後，工作有多努力嗎？她曾經跪著九小時，只爲了練習一首歌。一個人如果沒有像她一樣，付出努力和決心，是不會成功的。

【註釋】

singer〔'sɪŋə〕n. 歌手　　superstar〔'supə,stɑr〕n. 超級巨星
in fact 事實上　　face〔fes〕v. 面對
distinguished〔dɪ'stɪŋgwɪʃt〕adj. 卓越的；著名的
at first 起初　　join〔dʒɔɪn〕v. 加入　　contest〔'kɑntɛst〕n. 比賽
wish〔wɪʃ〕v. 希望　　succeed〔sək'sid〕v. 成功

competition〔͵kɑmpə'tɪʃən〕*n.* 競賽;比賽　　fail〔fel〕*v.* 失敗
round〔raʊnd〕*n.* 回合　　***give up*** 放棄　　prize〔praɪz〕*n.* 獎
get/win first prize 得第一名　　quite〔kwaɪt〕*adv.* 相當地
hard〔hɑrd〕*adv.* 努力地　*adj.* 努力的　　once〔wʌns〕*adv.* 曾經
kneel〔nil〕*v.* 跪下　　determination〔dɪ͵tɝmə'neʃən〕*n.* 決心

16. (**A**) "distinguished" 是什麼意思?

　　　(A) 有名的。　　(B) 美麗的。　　(C) 幸運的。　　(D) 努力的。

17. (**B**) 為什麼阿妹能夠成為歌手?

　　　(A) 因為她生來就是要成為歌手。

　　　(B) 因為她參加一個歌唱比賽,最後獲勝。

　　　(C) 因為她是個幸運的人。　　(D) 因為她沒有決心。

18. (**D**) 根據本文,如果我們想成功,我們應該做什麼?

　　　(A) 在成功之前,輸掉幾場比賽。

　　　(B) 參加更多歌唱比賽。　　(C) 更經常下跪。

　　　(D) 練習更多,為我們想要的事物努力。

　　　* lose〔luz〕*v.* 輸掉(比賽)

(19~21)

如果利用語音頻道改善你的英文:

閱讀

1. 閱讀今天所有的文章,查閱所有你不懂的生字。

　(前三篇文章免費)

2. 閱讀前一天的文章,看看你是否記得所有的生字。

聽力

1. 看今天的新聞，選擇一篇你最感興趣的報導。

   （前五則影片免費）

2. 每一個句子之後停下影片，重複句子。

寫作

1. 在今天的新聞下面回答問題，寫在評論區。（免費）

2. 寫下你自己的文章讓我們的線上家教批改。

   （一篇文章 100 元，不超過 300 字）

口說

1. 你可以談論關於今天的新聞，或回答線上家教的問題。

   （免費）

2. 和你的同學碰面，在聊天室一起聊天。（免費）

更多資訊請看：http://voicechannel.com

【註釋】

improve〔ɪmˈpruv〕v. 改善　　voice〔vɔɪs〕n. 聲音

channel〔ˈtʃænḷ〕n. 頻道　　article〔ˈɑrtɪkḷ〕n. 文章

check〔tʃɛk〕v. 查看　　news〔njuz〕n. 新聞

interest〔ˈɪntrɪst〕v. 使感興趣　　video〔ˈvɪdɪˌo〕n. 影片

sentence〔ˈsɛntəns〕n. 句子　　repeat〔rɪˈpit〕v. 重複

comment〔ˈkɑmɛnt〕n. 評論　v. 評論；表示意見

on-line〔ˌɑnˈlaɪn〕adj. 線上的（= online）

tutor〔ˈtjutɚ〕n. 家教　　***no more than*** 不超過

chat〔tʃæt〕v., n. 聊天　　***chat room*** 聊天室

19. (**D**) 在語音頻道上什麼是免費的？

      (A) 閱讀五篇文章。　　　　(B) 寫文章請線上家教批改。

      (C) 看所有的新聞。　　　　(D) <u>和你的同學聊天。</u>

20. (**B**) "improve" 是什麼意思？

      (A) 變得更高。　　　　　(B) <u>變得更好。</u>

      (C) 變得更新。　　　　　(D) 變得更快。

21. (**C**) 何者正確？

      (A) 語音頻道有真正的學校建築。

      (B) 語音頻道可以幫助你改進數學。

      (C) <u>你可以免費練習說。</u>

      (D) 你可以藉由打電話得到更多資訊。

      * building〔'bɪldɪŋ〕*n.* 建築物　　***for free*** 免費
      information〔ˌɪnfɚ'meʃən〕*n.* 消息；資訊

(22 ~ 24)

> 賈許：嘿，聽說你在找新工作。進展如何？
> 泰德：我想要和你一樣當老師。
>
> 賈許：嗯，當老師並沒有和你想的一樣容易。
> 泰德：你為什麼那麼說？你不喜歡你的工作嗎？
>
> 賈許：不好說。現在的學生不一樣了。
> 泰德：什麼意思？
>
> 賈許：昨天我問他們：「什麼是你需要，但是看不見又感覺不
> 　　　到的？」
> 泰德：很簡單，答案是「空氣」。

賈許：我的學生回答：「wi-fi」。

泰德：眞是有趣。再多告訴我一點關於他們的事。

賈許：有一次，我要一個學生說出五種住在水中動物的名稱。
他說：「青蛙…青蛙爸爸、青蛙媽媽、青蛙哥哥、青蛙姊姊。」

泰德：天啊！那他們怎麼準備考試呢？

賈許：讀書有兩種方式──困難的科目他們沒法讀的，他們上臉書。簡單的科目他們不必讀的，他們也上臉書。

泰德：我應該要再多想想我未來的工作了。

【註釋】

look for 尋找　　once〔wʌns〕*adv.* 一次
name〔nem〕*v.* 說出…的名字/名稱
Gosh!〔gɑʃ〕*interj.* 天啊！唉呀！　　prepare〔prɪˈpɛr〕*v.* 準備
subject〔ˈsʌbdʒɪkt〕*n.* 科目　　future〔ˈfjutʃɚ〕*adj.* 未來的

22. (**B**) 賈許的職業是什麼？

(A) 學生。　　　　　　　　(B) 老師。
(C) 科學家。　　　　　　　(D) 他還沒決定。

* scientist〔ˈsaɪəntɪst〕*n.* 科學家　　decide〔dɪˈsaɪd〕*v.* 決定

23. (**B**) 爲什麼賈許會說「現在的學生不一樣了」？

(A) 他們長得越來越高了。

(B) 他們用不同的方式來解決問題。

(C) 他們花更多的時間讀書。

(D) 他們不知道關於臉書的事情。

* solve〔sɑlv〕*v.* 解決

24. (**C**) 何者正確？

  (A) 泰德已經找到新工作了。 (B) 賈許是一位歷史老師。

  (C) 學生喜歡泡在臉書上。 (D) 賈許喜歡他的工作。

  * stay〔ste〕v. 停留

(25～26)

米亞的家庭餐廳

湯	**$1.50**
蔬菜或雞肉麵	
烤肉	
漢堡	**$2.95**
起司漢堡	**$3.95**
	附餐搭配薯條或生菜沙拉
三明治	
鮪魚	**$2.50**
烤牛肉	**$3.95**
火雞	**$2.95**
	附餐搭配薯條或生菜沙拉

甜點		**飲料**	
草莓蛋糕	**$2.00**	咖啡或茶	**$0.50**
南瓜派	**$1.50**	汽水　小杯	**$0.50**
		大杯	**$0.75**

```
                    晚餐特餐

   烤牛肉                          9.95
   半雞                            7.50
   炸魚                            8.95

   所有晚餐特餐都包括薯條或烤馬鈴薯，湯或沙
   拉，及一杯飲料。
```

【註釋】

soup〔sup〕*n.* 湯　　noodle〔'nudḷ〕*n.* 麵
grill〔grɪl〕*n.* 烤架；烤肉　　hamburger〔'hæmbɝgɚ〕*n.* 漢堡
cheeseburger〔'tʃis,bɝgɚ〕*n.* 起司漢堡　　serve〔sɝv〕*v.* 上（菜）
French fries 薯條　　coleslaw〔'kol,slɔ〕*n.* 生菜沙拉（= *cole slaw*）
sandwich〔'sæn(d)wɪtʃ〕*n.* 三明治　　tuna〔'tunə〕*n.* 鮪魚
roast〔rost〕*adj.* 烤的　　beef〔bif〕*n.* 牛肉
turkey〔'tɝkɪ〕*n.* 火雞　　dessert〔dɪ'zɝt〕*n.* 甜點
strawberry〔'strɔ,bɛrɪ〕*n.* 草莓　　pumpkin〔'pʌmpkɪn〕*n.* 南瓜
soda〔'sodə〕*n.* 蘇打水；汽水　　special〔'spɛʃəl〕*n.* 特餐
fried〔fraɪd〕*adj.* 油炸的　　include〔ɪn'klud〕*v.* 包括
baked〔bekt〕*adj.* 烘烤的　　potato〔pə'teto〕*n.* 馬鈴薯
salad〔'sæləd〕*n.* 沙拉

25. (**B**) 威爾森家上週日外出，到米亞的家庭餐廳吃飯。威爾森先生和太
　　　太點了二個鮪魚三明治和一杯咖啡，他們的兒子比利吃了一個烤
　　　起司漢堡、一片蛋糕和一杯大的汽水。他們這一餐付了多少錢？

　　(A) 11.65 元。　　　　　　　(B) 12.20 元。
　　(C) 12.70 元。　　　　　　　(D) 13.20 元。

　　* *eat out* 外出用餐　　order〔'ɔrdɚ〕*v.* 點餐
　　grilled〔grɪld〕*adj.* 燒烤的　　meal〔mil〕*n.* 一餐

26. (**D**)

服務生：先生晚安。我們今天有新鮮的魚，您要試試嗎？
男　士：我不吃海鮮。事實上，我不想要吃晚餐。請給我 　　　　一杯茶，再加一小片蛋糕。
服務生：抱歉，蛋糕賣完了。您想來點派嗎？
男　士：好的。一份，謝謝。

根據這段對話，這位男士點了什麼？

(A) 晚餐特餐。　　　　　　(B) 炸魚和茶。

(C) 茶和蛋糕。　　　　　　(D) 茶和派。

* waiter〔'wetɚ〕 *n.* 服務生　　sir〔sɝ〕 *n.* 先生
　fresh〔frɛʃ〕 *adj.* 新鮮的　　seafood〔'si,fud〕 *n.* 海鮮
　plus〔plʌs〕 *prep.* 加上　　**sell out** 賣完
　dialogue〔'daɪə,lɔg〕 *n.* 對話

(27～29)

全世界最大的飛機首次升空了。「空降者 10 號」在空中花了將近二小時，到達了 914 公尺的高空。
這架飛機非常巨大——它有一個足球場長，六台雙層巴士的高度。它可以飛行長達五天。它造價花費二千五百萬英鎊，載重量可以超過一台巨無霸噴射客機，但是更安靜、更環保。製造商「混合飛行器公司」相信，它是飛機的未來，有一天我們將可以利用它到各地去。
但那還要好一陣子。空降者 10 號將需要累積 200 小時的飛行時數，才能獲得核准。不過如果通過了，我們希望未來就有多一點的腿部空間了。
閱讀更多：
http://www.newsinlevels.com/products/largest-aircraft -in-the-world-level-2/

【註釋】

for the first time 第一次　　*take to* 去到…　　*take to the sky* 升空

land〔lænd〕v. 降落　　nearly〔'nɪrlɪ〕adv. 將近

reach〔ritʃ〕v. 到達　　meter〔'mitə〕n. 公尺

massive〔'mæsɪv〕adj. 巨大的　　football〔'fut,bɔl〕n. 足球

pitch〔pɪtʃ〕n. 球場　　deck〔dɛk〕n. 地板；層

double-decker n. 雙層巴士　　*up to* 高達；多達；長達

cost〔kɔst〕v. 花費（錢）　　pound〔paʊnd〕n. 英鎊

carry〔'kærɪ〕v. 搭載　　heavy〔'hɛvɪ〕adj. 沈重的

load〔lod〕n. 負擔；載重　　jumbo〔'dʒʌmbo〕adj. 巨無霸的

jet〔dʒɛt〕n. 噴射機　　quiet〔'kwaɪət〕adj. 安靜的

eco-friendly〔'iko,frɛndlɪ , 'ɛko-〕符合環保的

hybrid〔'haɪbrɪd〕adj. 混合的　　vehicle〔'viɪkḷ〕n. 交通工具

future〔'fjutʃə〕n. 未來　　while〔hwaɪl〕n. 一陣子

collect〔kə'lɛkt〕v. 收集；聚集　　*flying time* 飛行時間

approve〔ə'pruv〕v. 贊成；核准　　pass〔pæs〕v. 通過

though〔ðo〕adv. 不過；可是　　extra〔'ɛkstrə〕adj. 額外的

leg room 腿部空間（= *legroom*）

27. (**B**) "massive" 是什麼意思？

　　(A) 非常快　　　　　　(B) <u>非常大</u>

　　(C) 非常慢　　　　　　(D) 非常安靜

28. (**A**) 關於空降者 10 號，何者不正確？

　　(A) <u>它可以在足球場裡飛行。</u>

　　(B) 它對我們的地球比較好。

　　(C) 它可以載更重的重量。　　(D) 它有更多的空間。

　　* planet〔'plænɪt〕n. 行星；地球　　space〔spes〕n. 空間

29. (**D**) 何者正確？

　　(A) 它可以飛行超過 200 小時。

　　(B) 它的造價花費 9 億 1 千 4 百萬英鎊。

(C) 它和一輛雙層巴士一樣高。

(D) <u>它仍然在測試期間。</u>

* test〔tɛst〕v. 測試　　period〔'pɪrɪəd〕n. 期間

（30～32）

嗨，曼蒂：

　　我現在和凱西在義大利玩得非常愉快。上週我們去米蘭。那是一個很有趣、很瘋狂的城市，也是有名的時尚之都。建築物有藍色、粉紅色、黃色和綠色。在週末，有許多年輕人會到市中心玩樂。妳猜猜發生了什麼事？我們遇到了茱蒂和蘇珊。她們也在那裡旅行。

　　米蘭有很多餐廳和服裝店。我們先吃了美味的食物，然後再去購物。店裡賣的都是很酷的、義大利青少年喜歡的東西。我替你買了一些特別的東西。一些有名的設計師在那裡都有分店，他們想要看看年輕人穿著的風格。

　　妳會喜歡米蘭的。那裡的青少年非常時髦。有些人的穿著，看起來好像要參加耶誕節的派對。我們有看到女孩子，穿著粉紅色睡衣，像小寶寶一樣。還有一個女孩穿著一件亮藍色的洋裝。妳猜怎麼樣？她亮藍色的頭髮上，插著藍色和白色的羽毛！她的腳上還穿著一雙大大黑色的高跟鞋。那看起來不是很舒服呢！

　　真希望妳在這裡！

琦琦

【註釋】

have fun 玩得愉快　crazy〔'krezɪ〕*adj.* 瘋狂的
famous〔'feməs〕*adj.* 有名的　　fashion〔'fæʃən〕*n.* 時尚；流行
building〔'bɪldɪŋ〕*n.* 建築物　　pink〔pɪŋk〕*adj.* 粉紅色的
downtown〔ˌdaʊn'taʊn〕*adv.* 市中心　　guess〔gɛs〕*v.* 猜測
shop〔ʃɑp〕*v.* 購物　　cool〔kul〕*adj.* 酷的
teenager〔'tinˌedʒɚ〕*n.* 青少年　　designer〔dɪ'zaɪnɚ〕*n.* 設計師
style〔staɪl〕*n.* 風格　　fashionable〔'fæʃənəbḷ〕*adj.* 時髦的
dress〔drɛs〕*v.* 穿衣　*n.* 洋裝　　pajamas〔pə'dʒæməz〕*n. pl.* 睡衣
bright〔braɪt〕*adj.* 明亮的　　feather〔'fɛðɚ〕*n.* 羽毛
heel〔hil〕*n.* 腳跟；鞋跟　　*high-heel shoes* 高跟鞋
comfortable〔'kʌmfɚtəbḷ〕*adj.* 舒適的
wish〔wɪʃ〕*v.* 希望【後面接假設語氣的子句】

30.(**B**) 琦琦和誰一起去義大利？

    (A) 曼蒂。   (B) <u>凱西。</u>

    (C) 蘇珊。   (D) 茱蒂。

31.(**A**) 何者正確？

    (A) <u>琦琦看到一個女孩頭髮上插著藍色白色的羽毛。</u>

    (B) 在米蘭，週末沒有很多人。

    (C) 在米蘭很少有餐廳和商店。

    (D) 琦琦為她的姊姊買了一個很棒的禮物。

32.(**A**) 何者不正確？

    (A) <u>琦琦認為高跟鞋很舒服。</u>

    (B) 有些有名的設計師在米蘭有分店。

    (C) 米蘭是一個有名的時尚之都。

    (D) 茱蒂和蘇珊也去了米蘭。

（33～34）

請閱讀以下使用說明，回答問題。

小心 !!!

＊在使用瓶子之前，請先將所有零件清洗乾淨。

＊不可微波。

＊不可用於碳酸飲料。

＊不可裝到滿溢——熱水可能會燙傷使用者。

＊裝滿熱水時，請放在小孩拿不到的地方。

【註釋】

direction〔dəˈrɛkʃən〕n. 方向；使用說明

caution〔ˈkɔʃən〕n. 小心；警告　　clean〔klin〕v. 清潔

part〔part〕n. 部分；零件　　bottle〔ˈbatḷ〕n. 瓶子

microwave〔ˈmaɪkrəˌwev〕v., n. 微波

carbonated〔ˈkarbəˌnetɪd〕adj. 含有二氧化碳的

beverage〔ˈbɛvərɪdʒ〕n. 飲料　　overfill〔ˈovəˈfɪl〕v. 裝到滿溢

reach〔ritʃ〕n. 伸手可及的範圍

out of reach of sb. 在某人拿不到的範圍　　*be filled with* 充滿

33. (**B**) 這則警告是有關什麼？

(A) 吃的用品。　　　　　(B) 喝的用品。

(C) 烹飪的用品。　　　　(D) 跳舞的用品。

＊piece〔pis〕n. 一件　　*a piece of caution* 一則警告

34. (**D**) 有關這個瓶子何者正確？

(A) 總是要在瓶子中裝滿熱水。

(B) 使用完之後你不必清潔瓶子。

(C) 使用之前請放在微波爐中。

(D) <u>要確定，瓶子裝滿熱水時，小孩拿不到。</u>

* oven〔'ʌvən〕*n.* 烤箱；爐子　　***make sure*** 確定

　　be full of 裝滿

(35～38)

> 山姆：我好累喔。我現在必須去睡覺了。
>
> 媽媽：你不認為<u>你在睡覺之前</u>，應該至少先快速洗個澡嗎？
> 　　　　　　　　　　　35
>
> 山姆：我明天早上再洗。
>
> 媽媽：我不這麼認為。你會<u>時間非常趕</u>，甚至沒有時間吃
> 　　　　　　　　　　　　　36
>
> 　　　早餐。
>
> 山姆：那麼我明天早上努力早點起床。
>
> 媽媽：<u>在</u>你和我爭論<u>的同時</u>，你為什麼不去洗澡呢？
> 　　　　　　　　　　37
>
> 山姆：好吧，<u>我放棄</u>，媽媽。
> 　　　　　　38
> 媽媽：也一定要刷牙喔。

【註釋】

tired〔taɪrd〕*adj.* 疲倦的　　***at least*** 至少　　shower〔'ʃauɚ〕*n.* 淋浴

take a shower 淋浴；洗澡　　***get up*** 起床　　argue〔'ɑrgju〕*v.* 爭論

be sure to V 務必；一定　　brush〔brʌʃ〕*v.* 刷

tooth〔tuθ〕*n.* 牙齒【複數為 teeth〔tiθ〕】

35. (**A**) (A) <u>你睡覺前</u>　　　　　　(B) 你起床後

　　　　　(C) 在你睡覺的期間　　　　(D) 自從你睡覺起

36. (**B**) (A) 離開學校   (B) <u>時間非常趕</u>
        (C) 到達這樣一個班級   (D) 幾次

37. (**D**) 依句意，選 (D) *while*「在…的同時」。

38. (**B**) (A) take out 拿出來   (B) *give up* 放棄
        (C) get up 起床   (D) come along 一起來

（39～41）

最佳餐廳菜單

A. 咖哩雞肉飯 *NT$130*   *B.* 蔬菜沙拉 *NT$110*

C. 義大利麵 *NT$140*   *D.* 牛肉麵 *NT$130*

E. 熱狗 *NT$90*   *F.* 壽司 *NT$140*

爸　爸：詹姆士，你要吃什麼？

詹姆士：我要吃咖哩飯。<u>辣是我的最愛</u>。
                  39

湯　姆：咖哩對我而言太辣了。我想要嘗嘗日本料理。你也要
        試試看嗎？

爸　爸：好啊，當然好。我喜歡吃飯。

媽　媽：我不要吃太多肉。我要吃蔬菜。

爸　爸：<u>所以你要點蔬菜沙拉，是嗎？</u>
                  40

媽　媽：是的。

爸　爸：好。我們要一份 A 餐，一份 B 餐，和二份 <u>F</u> 餐。我們
                  41
        現在點餐吧。

【註釋】

meal〔mil〕*n.* 一餐　　curry〔'kɝɪ〕*n.* 咖哩

salad〔'sæləd〕*n.* 沙拉　　***green salad*** 蔬菜沙拉

spaghetti〔spə'gɛtɪ〕*n.* 義大利麵　　beef〔bif〕*n.* 牛肉

noodle〔'nudl̩〕*n.* 麵　　***hot dog*** 熱狗

hot〔hɑt〕*adj.* 熱的；辣的　　rice〔raɪs〕*n.* 米飯

meat〔mit〕*n.* 肉類　　order〔'ɔrdɚ〕*v.* 點餐

39. (**A**) (A) 是我的最愛　　　　　　(B) 對健康不好

(C) 是你的最愛　　　　　　(D) 不需要很多錢

40. (**D**) (A) 我更喜歡義大利麵。　　(B) 詹姆士要點 B 餐。

(C) 所以你想要吃熱狗，是嗎？

(D) 所以你要點蔬菜沙拉，是嗎？

41. (**D**) (A) C 餐　　(B) D 餐　　(C) E 餐　　(D) F 餐

聽力測驗（第 1-21 題，共 21 題）

第一部分：辨識句意（第 1-3 題，共 3 題）

1. (**B**) (A)　　　　　　(B)　　　　　　(C)

Jack enjoys playing volleyball after school.

傑克放學後喜歡打排球。

* volleyball〔'vɑlɪˌbɔl〕*n.* 排球

2. (**A**) (A)　　　　　(B)　　　　　(C)

Fred is eating breakfast in his classroom.

弗烈德正在教室裡吃早餐。

* brunch〔brʌntʃ〕*n.* 早午餐【<u>br</u>eakfast +<u>lunch</u>】

3. (**C**) (A)　　　　　(B)　　　　　(C)

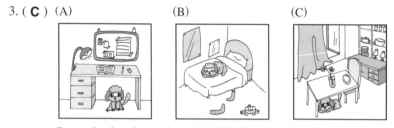

Susan's dog is under the table in the dining room.

蘇珊的狗在餐廳的桌子底下。

* *dining room*　餐廳

第二部分：基本問答（第 4-10 題，共 7 題）

4. (**B**) Who is in charge here, George or Johnson?

這裡誰負責，喬治還是強森？

(A) Either is fine with me.　兩個我都可以。

(B) Neither. It's Bill.　<u>兩個都不是。是比爾。</u>

(C) It's Johnson I was referring to.　我指的是強森。

* *be in charge*　負責　　either〔'iðɚ〕*pron.* 二者中任一
neither〔'niðɚ〕*pron.* 二者皆非　　*refer to*　指

5. (**C**) Would you mind opening the window?

你介意把窗戶打開嗎？

(A) No, you can't. 不，你不可以。

(B) Yes, I would open it. 是的，我會打開。

(C) I'm afraid it's too cold. 恐怕太冷了。

* mind〔maɪnd〕*v.* 介意

6. (**B**) Can't you come to the meeting this morning?
你今天早上不能來參加會議嗎？

(A) I'm sorry for you. 我為你感到抱歉。

(B) I wish I could. 我希望我可以。

(C) I'm afraid I am. 我怕我是。

7. (**C**) The air conditioner is broken and I can't get it to work.
冷氣機故障了，我沒辦法讓它運轉。

(A) Yes, it is cold. 是的，很冷。

(B) The air is fresh. 空氣很新鮮。

(C) You should ask someone to fix it. 你應該找人來修理。

* *air conditioner* 冷氣機　　broken〔'brokən〕*adj.* 故障的
work〔wɝk〕*v.* 正常運轉　　fresh〔frɛʃ〕*adj.* 新鮮的

8. (**C**) I don't get home until almost 1 a.m.
我要到將近凌晨一點鐘才能回到家。

(A) What are your office hours like?
你的辦公時間是怎樣的？

(B) I do about 3 or 4 hours of overtime a day.
我一天大約要加班三或四小時。

(C) You must be tired when you finally get back.
你最後回來時一定會很累吧。

* *not ~ until*… 直到…才~　　overtime〔'ovɚ,taɪm〕*n.* 加班

9. (**A**) We'll make it. 我們一定可以做到。

(A) I hope so. 但願如此。

(B) Why did you do that? 你爲什麼那麼做？

(C) A deal is a deal. 一言爲定。

* ***make it*** 成功；做到　　deal〔dil〕*n.* 交易
A deal is a deal. 一言爲定。

10. (**A**) How do you two know each other?
你們兩個是怎麼認識彼此的？

(A) Paul is in two of my classes. We're going to study
together. 保羅和我有兩門課同班。我們將要一起唸書。

(B) All right. There's a nice tour for you.
好的。有一個不錯的行程介紹給你。

(C) Sure, that would be a great party.
當然，那會是個很棒的派對。

* ***each other*** 彼此；互相　　tour〔tur〕*n.* 旅行；行程

第三部分：言談理解（第 11-21 題，共 11 題）

11. (**C**) M : Do you have any plans for tomorrow night?
男：妳明天晚上有什麼計劃嗎？

W : No, why?
女：沒有，爲什麼？

M : I really want to see the latest movie—*Iron Boy 5*.
男：我眞的很想去看最新的電影——鋼鐵男孩 5。

W : OK, what time should we meet?
女：好，我們應該幾點碰面？

M : We have to get tickets first, or we can't see the
movie. So 6 p.m. would be great.
男：我們必須先買票，否則不能看電影。所以下午六點很適合。

W : No problem. I will meet you in front of the box
office.
女：沒問題。我在售票處前面等你。

M：See you tomorrow.

男：明天見。

Question：When will the movie start? 電影將在何時開始？

(A) Around 5 o'clock. 大約五點。

(B) 6 p.m. 下午六點。

(C) After 6 o'clock. 六點以後。

latest〔'letɪst〕*adj.* 最新的　　iron〔'aɪən〕*n.* 鐵
box office 售票處

12. (**A**) W：Do we have everything for dinner?

女：我們晚餐需要的都有了嗎？

M：Well, we have enough food, but there isn't much to drink.

男：嗯，我們有足夠的食物了，但是沒有什麼喝的。

W：Should I get a few cans of cola or something? There's a supermarket near here.

女：我應該買幾罐可樂或什麼嗎？這附近有一家超市。

Question：What will the woman likely do at the supermarket? 這位女士在超市可能要做什麼？

(A) Buy some juice. 買一些果汁。

(B) Buy some bread. 買一些麵包。

(C) Buy some dessert. 買一些甜點。

* can〔kæn〕*n.* 一罐　　cola〔'kolə〕*n.* 可樂
or something …或什麼的　　likely〔'laɪklɪ〕*adv.* 可能地
juice〔dʒus〕*n.* 果汁　　dessert〔dɪ'zɝt〕*n.* 甜點

13. (**C**) This country once dominated Taiwan about 100 years ago, and it was very powerful back then. Now, it has developed something powerful, too. Its animation and sashimi attract everyone around the world.

這個國家在大約 100 年前，曾經統治過台灣，它當時非常強大。
現在，它也發展出了很強大的產業。它的動畫和生魚片吸引了全
世界的人。

Question：What is this country?　這個國家是哪裡？

(A) The USA.　美國。

(B) Spain.　西班牙。

(C) Japan.　日本。

* once〔wʌns〕adv. 曾經　　dominate〔'dɑmə,net〕v. 統治
  powerful〔'pauəfəl〕adj. 強大的　**back then** 在那時
  develop〔dɪ'vɛləp〕v. 發展
  animation〔,ænə'meʃən〕n. 動畫　**sashimi** 生魚片
  attract〔ə'trækt〕v. 吸引　　Spain〔spen〕n. 西班牙

14. (**B**) M：Hello, Johnson's Bikes, how may I help you?

　　　　男：喂，強森腳踏車，我要如何幫助你？

　　　　W：Hi there, it's Anna Carter here. I'm calling about my
　　　　　　purple Giant. Is it ready yet?

　　　　女：嗨，你好，我是安娜・卡特。我打來問一下我的紫色捷安特。
　　　　　　已經好了嗎？

　　　　M：OK, Anna Carter? A purple Giant?

　　　　男：好的，安娜・卡特？一輛紫色的捷安特？

　　　　W：Yes.

　　　　女：是的。

　　　　M：Wait a moment, please. We had to order one part,
　　　　　　but I'm afraid it still hasn't arrived yet.

　　　　男：請稍等。我們還得訂一個零件，但是貨恐怕還沒有到。

　　　　W：Do you know when I can pick it up?

　　　　女：你知道我什麼時候可以拿車嗎？

　　　　M：Sorry, I'm not sure right now. But I'll call you.
　　　　　　After the part is here we can fix the bike in one day.

男：抱歉，我現在不確定，不過我會打電話給妳。零件到之後，我們一天之內就可以把腳踏車修好。

W : Okay, I'll wait for your call, then.

女：好吧，那我就等你們的電話。

M : Of course.

男：當然。

Question : Where did the woman call?

這位女士打電話去哪裡？

(A) A telephone company. 電話公司。

(B) A bicycle shop. <u>腳踏車店。</u>

(C) A theater. 戲院。

* purple〔'pɝpḷ〕*adj.* 紫色的
giant〔'dʒaɪənt〕*n.* 巨人；(G-) 指捷安特腳踏車
moment〔'momənt〕*n.* 片刻　　order〔'ɔrdɚ〕*v.* 訂購
part〔part〕*n.* 部分；零件　　***pick up*** 拿取
theater〔'θiətɚ〕*n.* 戲院；電影院 (= *movie theater*)

15. (**A**) W : There is snow on Yushan.

女：玉山下雪了。

M : Yes. It's colder than in the past few years.

男：是的，現在的天氣比過去幾年來都冷。

W : Let's go make a snowman, shall we?

女：我們去堆雪人好嗎？

M : I'd rather stay home and watch them play in the snow.

男：我寧願待在家裡，看他們在雪地裡玩。

Question : What season is it? 現在是什麼季節？

(A) Winter. <u>冬天。</u>

(B) Autumn. 秋天。

(C) Summer. 夏天。

* past〔pæst〕*adj.* 過去的　　snowman〔'sno,mæn〕*n.* 雪人
  would rather V 寧願　　season〔'sizn̩〕*n.* 季節

16. (**B**)　M : Lily, it's time for bed. It's too late now.

男：莉莉，該上床睡覺了。現在太晚了。

W : I know, Daddy. But I'm afraid I won't pass the test tomorrow.

女：我知道，爸爸。但是我很擔心我明天的考試不及格。

M : I know you're a hard-working girl, but your health is more important. If I were you, I would go to bed earlier. Mommy and I are worried about you.

男：我知道妳是個用功的孩子，但妳的健康更重要。如果我是妳，我就會早點睡覺。媽媽和我都為妳擔心。

W : Thanks, Daddy. I'll go to bed and get up earlier tomorrow morning.

女：謝謝爸爸。我去睡覺了，明天早上再早點起床。

Question : What is Lily worried about?

　　　　　莉莉在擔心什麼？

(A) Her daughter's health. 她女兒的健康。

(B) The test tomorrow. 明天的考試。

(C) She never gets good grades. 她從來得不到好成績。

* hard-working〔'hɑrd'wɝkɪŋ〕*adj.* 努力的；用功的
  worried〔'wɝɪd〕*adj.* 擔心的　***be worried about*** 擔心
  go to bed 去睡覺　　***get up*** 起床　　grade〔gred〕*n.* 成績

17. (**C**) I have a crush on this girl in school. I think she almost feels the same way about me. The only problem is that her mom doesn't like her to hang around boys. Her mom is like an overprotective parent. I really want to become friends with this girl, but her mom doesn't approve.

我非常喜歡學校裡的這個女孩，我想她和我也有差不多相同的感覺。唯一的問題是，她媽媽不喜歡她和男生混在一起。她媽媽就像個過度保護的家長。我真的很想和這個女孩做朋友，但是她媽媽不贊成。

Question： What is the speaker's problem?

說話者的問題是什麼？

(A) The girl. 這個女孩。

(B) His mother. 他的媽媽。

(C) The girl's mother. 女孩的媽媽。

* crush〔krʌʃ〕*n.* 壓倒；迷戀　　*have a crush on sb.* 迷戀某人
hang around 閒晃；徘徊
overprotective〔ˏovɚprə'tɛktɪv〕*adj.* 過度保護的
approve〔ə'pruv〕*v.* 同意；贊成

18. (**A**) W：John! Look out!

女：約翰！小心！

M：What?

男：什麼？

W：Are you OK?

女：你還好嗎？

M：Yeah, I'm all right. I didn't see that taxi coming.

男：嗯，我還好。我沒看見那輛計程車過來。

Question： What was the man going to do?

這位男士當時在做什麼？

(A) He was going to cross the street. 他正要過馬路。

(B) He was going to take a taxi. 他正要搭計程車。

(C) He was going to look out of the window.

他正要往窗戶外面看。

* *look out* 向外看；小心　　cross〔krɔs〕*v.* 跨越

19. (**C**) M : You look weak. Are you OK?

男：妳看起來很脆弱。妳還好嗎？

W : Not at all. Carl broke up with me. My life has hit bottom. I'm the most unlucky woman in the world.

女：一點也不好。卡爾和我分手，我的人生跌到谷底。我是全世界最不幸的女人了。

M : Come on. Breaking up with a man doesn't mean the end of the world. Besides, you often said you and Carl had nothing in common. Maybe it's about time to make a change.

男：拜託！和男人分手又不是世界末日。而且，妳常說妳和卡爾沒有共同點。也許是時候改變一下了。

W : You're right. I feel better now.

女：你說的對。我現在覺得好多了。

Question : What is the man doing? 這位男士正在做什麼？

(A) He's laughing at the woman. 他正在嘲笑這位女士。

(B) He's breaking up with the woman.
他正和這位女士分手。

(C) He's trying to cheer up the woman.
<u>他正試著在使這位女士振作起來。</u>

* ***not at all*** 一點也不　　***break up with sb.*** 和某人分手
bottom〔'batəm〕*n.* 底部　　***hit bottom*** 跌到谷底
unlucky〔ʌn'lʌkɪ〕*adj.* 不幸的　　end〔ɛnd〕*n.* 結束
the end of the world 世界末日
have nothing in common 沒有共同點
laugh at 嘲笑　　***cheer up*** 激勵；使振作

20. (**A**) W : Can you give me a hand with these boxes? I have to set them on the top shelf.

女：你可以幫我拿著這些盒子嗎？我得把它們放在架子最上層。

M : Sure, I'd feel guilty if you fell off that ladder.

男：當然可以。妳如果從梯子上摔下來，我會有罪惡感的。

Question：What's the man going to do?

這位男士要做什麼？

(A) He will help her. 他要幫她的忙。

(B) He will hand down the boxes. 他會把盒子往下傳。

(C) He will hold the ladder. 他會抓住梯子。

* *give sb. a hand* (*with* ~) 幫助某人~   set〔sɛt〕*v.* 放置
  shelf〔ʃɛlf〕*n.* 架子   guilty〔'gɪltɪ〕*adj.* 有罪惡感的
  ladder〔'lædɚ〕*n.* 梯子   *hand down* 傳下；傳遞

21. (**A**) W：What should we do for our class decoration?

女：我們的班級布置該怎麼做呢？

M：I don't know. What do you think?

男：我不知道。妳認為呢？

W：Maybe we can draw a big Christmas tree on the wall.

女：也許我們可以在牆上畫一棵很大的聖誕樹。

M：That's a good idea. We can all write our wishes on post-it notes and then paste them on the wall.

男：好主意。我們大家可以把我們的願望寫在便利貼上，然後把它們貼在牆上。

Question：Which is true? 何者為真？

(A) They are having a discussion about the class decoration. 他們正在討論班級布置。

(B) The man doesn't like the woman's idea.

這位男士不喜歡這位女士的主意。

(C) The woman doesn't have any idea about the class decoration. 這位女士對班級布置沒有任何想法。

* decoration〔ˌdɛkə'reʃən〕*n.* 裝飾；布置   draw〔drɔ〕*v.* 畫
  wish〔wɪʃ〕*n.* 願望   *post-it note* 便利貼
  paste〔pest〕*v.* 黏貼   discussion〔dɪ'skʌʃən〕*n.* 討論

高三同學要如何準備「升大學考試」

　　考前該如何準備「學測」呢？「劉毅英文」的同學很簡單，只要熟讀每次的模考試題就行了。每一份試題都在7000字範圍內，就不必再背7000字了，從後面往前複習，越後面越重要，一定要把最後10份試題唸得滾瓜爛熟。根據以往的經驗，詞彙題絕對不會超出7000字範圍。每年題型變化不大，只要針對下面幾個大題準備即可。

準備「詞彙題」最佳資料：

背了再背，背到滾瓜爛熟，讓背單字變成樂趣。

考前不斷地做模擬試題就對了！

你做的題目愈多，分數就愈高。不要忘記，每次參加模考前，都要背單字、背自己所喜歡的作文。考壞不難過，勇往直前，必可得高分！

練習「模擬試題」，可參考「學習出版公司」最新出版的「7000字學測試題詳解」。我們試題的特色是：

①以「高中常用7000字」為範圍。②經過外籍專家多次校對，不會學錯。③每份試題都有詳細解答，對錯答案均有明確交待。

「克漏字」如何答題

　　第二大題綜合測驗（即「克漏字」），不是考句意，就是考簡單的文法。當四個選項都不相同時，就是考句意，就沒有文法的問題；當四個選項單字相同、字群排列不同時，就是考文法，此時就要注意到文法的分析，大多是考連接詞、分詞構句、時態等。「克漏字」是考生最弱的一環，你難，別人也難，只要考前利用這種答題技巧，勤加練習，就容易勝過別人。

準備「綜合測驗」（克漏字）可參考「學習出版公司」最新出版的「7000字克漏字詳解」。

本書特色：

1. 取材自大規模考試，英雄所見略同。
2. 不超出7000字範圍，不會做白工。
3. 每個句子都有文法分析。一目了然。
4. 對錯答案都有明確交待，列出生字，不用查字典。
5. 經過「劉毅英文」同學實際考過，效果極佳。

「文意選填」答題技巧

　　在做「文意選填」的時候，一定要冷靜。你要記住，一個空格一個答案，如果你不知道該選哪個才好，不妨先把詞性正確的選項挑出來，如介詞後面一定是名詞，選項裡面只有兩個名詞，再用刪去法，把不可能的選項刪掉。也要特別注意時間的掌控，已經用過的選項就劃掉，以免重複考慮，浪費時間。

準備「文意選填」，可參考「學習出版公司」最新出版的「7000字文意選填詳解」。

特色與「7000字克漏字詳解」相同，不超出7000字的範圍，有詳細解答。

「閱讀測驗」的答題祕訣

① 尋找關鍵字——整篇文章中，最重要就是第一句和最後一句，第一句稱為主題句，最後一句稱為結尾句。每段的第一句和最後一句，第二重要，是該段落的主題句和結尾句。從「主題句」和「結尾句」中，找出相同的關鍵字，就是文章的重點。因為美國人從小被訓練，寫作文要注重主題句，他們給學生一個題目後，要求主題句和結尾句都必須有關鍵字。

② 先看題目、劃線、找出答案、標題號——考試的時候，先把閱讀測驗題目瀏覽一遍，在文章中掃瞄和題幹中相同的關鍵字，把和題目相關的句子，用線畫起來，便可一目了然。通常一句話只會考一題，你畫了線以後，再標上題號，接下來，你找其他題目的答案，就會更快了。

③ 碰到難的單字不要害怕，往往在文章的其他地方，會出現同義字，因為寫文章的人不喜歡重覆，所以才會有難的單字。

④ 如果閱測內容已經知道，像時事等，你就可以直接做答了。

準備「閱讀測驗」，可參考「學習出版公司」最新出版的「7000字閱讀測驗詳解」，本書不超出7000字範圍，每個句子都有文法分析，對錯答案都有明確交待，單字註明級數，不需要再查字典。

「中翻英」如何準備

可參考劉毅老師的「英文翻譯句型講座實況DVD」，以及「文法句型180」和「翻譯句型800」。考前不停地練習中翻英，翻完之後，要給外籍老師改。翻譯題做得越多，越熟練。

「英文作文」怎樣寫才能得高分？

① 字體要寫整齊，最好是印刷體，工工整整，不要塗改。

② 文章不可離題，尤其是每段的第一句和最後一句，最好要有題目所說的關鍵字。

③ 不要全部用簡單句，句子最好要有各種變化，單句、複句、合句、形容詞片語、分詞構句等，混合使用。

④ 不要忘記多使用轉承語，像 *at present*（現在），*generally speaking*（一般說來），*in other words*（換句話說），*in particular*（特別地），*all in all*（總而言之）等。

⑤ 拿到考題，最好先寫作文，很多同學考試時，作文來不及寫，吃虧很大。但是，如果看到作文題目不會寫，就先寫測驗題，這個時候，可將題目中作文可使用的單字、成語圈起來，寫作文時就有東西寫了。但千萬記住，絕對不可以抄考卷中的句子，一旦被發現，就會以零分計算。

⑥ 試卷有規定標題，就要寫標題。記住，每段一開始，要內縮5或7個字母。

⑦ 可多引用諺語或名言，並注意標點符號的使用。文章中有各種標點符號，會使文章變得更美。

⑧ 整體的美觀也很重要，段落的最後一行字數不能太少，也不能太多。段落的字數要平均分配，不能第一段只有一、兩句，第二段一大堆。第一段可以比第二段少一點。

準備「英文作文」，可參考「學習出版公司」出版的：